対話で深める国語授業

全国国語授業研究会／
筑波大学附属小学校国語研究部 編

東洋館出版社

はじめに

　全国国語授業研究会は、教室で子どもの前に立つ教師で、授業を考える会をつくろうという趣旨にもとづき立ち上げました。それ以来20年を越えて、現場目線で授業を考え、常に新しい提案をしていると自負しています。

　本書のテーマは「対話」です。「対話」は、「会話」とは違います。「会話」は、日常生活の中で、二人以上の人が集まってお互いに話をすることで、とりとめのない内容のものも含みます。「対話」は、共通の話題をもって、同じ状況の中で二人が向き合って話をするもの、と考えられます。

　しかし、新しい学習指導要領に示された、「主体的・対話的で深い学び」を生み出す「対話」は、それだけでいいのでしょうか。教室の中では、「二人組で話し合いましょう」と教師が促して、子どもたちが机の向きを変えて話をするような場面が見られます。これが深い学びにつながる対話と言えるのでしょうか。見た目には、「対話」的な活動が行われているように見えます。これからの教室で行われる「対話」は、これでよいのでしょうか。もし違うとしたら、これから行われるべき「対話」とは、どのようなものを指すのでしょうか。

　本書は、具体的な実践の中で行われる「対話」活動の場面を取り上げ、そこで行われている活動の意味を考えようとしています。そして、これから求められる「対話」とは何か、どのような働きかけで、どのような場の状況の中で「対話」が生まれるのかを読者の皆様と共に考えるような内容になっています。

　1時間の国語の授業において、少しでも力を伸ばすような「対話」について本書を元に一緒に考えられたら幸いです。

　また、最後になりましたが、本書の刊行に際しては東洋館出版社の刑部愛香氏には、たいへんご尽力いただきました。感謝申し上げます。

　　　　　　　　　　令和元年8月7日　　全国国語授業研究会　会長　青木伸生

• もくじ •

Ⅰ章
提案授業と座談会
写真と授業記録で見る「対話で深める国語授業」

提案授業
5年 [文学]　「大造じいさんとガン」……………………… 8

提案授業
4年 [説明文]　「ウナギのなぞを追って」……………………… 16

座談会……………………………………………………………… 24

Ⅱ章
対話を支える基礎スキル編

対話の「基礎」を育てる…………………………………………… 36
主体的な対話を目指して…………………………………………… 38
他者との対話を生み出すために…………………………………… 40
「読みの意識の三層構造」をもとにして、
考えの広げ方・深め方を身に付けさせる………………………… 42
「つながり」と「文字化」を意識して、対話力を伸ばそう！………… 44
読み聞かせで楽しくトーク………………………………………… 46
グループストーリークリエーションで対話する………………… 48
接続語で授業を創る………………………………………………… 50
対話を生み出すアイデア…………………………………………… 52
対話するための土台づくり………………………………………… 54

Ⅲ章
実践編

1年
[文学]
「ろくべえまってろよ」... 58
単元名：やくわりをきめてよもう

1年
[説明文]
「はたらくじどう車」... 64
単元名：のりものをしょうかいしよう

2年
[文学]
「お手紙」... 70
単元名：登場人物に寄り添い、対話しながら読もう

2年
[説明文]
「おにごっこ」.. 76
単元名：知っていることとつなげて読もう

3年
[文学]
「モチモチの木」... 82
単元名：人物の変容をとらえよう

3年
[説明文]
「ありの行列」.. 88
単元名：科学読み物をしょうかいしよう

3年
[説明文]
「くらしと絵文字」.. 94
単元名：段落のつながりに気をつけて読みましょう

4年
[文学]
「ごんぎつね」.. 100
単元名：読んで考えたことを話し合おう

4年
[文学]
「一つの花」……………………………………………… 106
単元名：感想をくらべて生まれた自分たちの読みの課題を追究しよう

4年
[説明文]
「ムササビのひみつ」…………………………………… 112
単元名：意味段落の要点を確かめ、筆者の問いに答えよう

5年
[文学]
「大造じいさんとガン」………………………………… 118
単元名：物語の魅力を伝え合おう

5年
[文学]
「注文の多い料理店」…………………………………… 124
単元名：物語のよさを解説しよう

5年
[説明文]
「まんがの方法」………………………………………… 130
単元名：筆者の考えをとらえ、まんがに対する考えを文章に表そう

6年
[文学]
「海の命」………………………………………………… 136
単元名：登場人物の関係をとらえ、人物の生き方について話し合おう

6年
[文学]
「きつねの窓」…………………………………………… 142
単元名：ファンタジーを楽しもう

6年
[説明文]
「プロフェッショナルたち」…………………………… 148
単元名：将来の夢や生き方について考えよう

I章
提案授業と座談会
写真と授業記録で見る「対話で深める国語授業」

提案授業
「大造じいさんとガン」
単元名:椋鳩十作品の研究ポスターをつくろう
授業者:桂聖(筑波大学附属小学校)
児童:筑波大学附属小学校5年

5年[文学]

1.「対話」を深める「Which」型課題の国語授業

　三つの「対話」(他者、教材、自分)が活性化するには、他者との「対話」における「ズレ」が欠かせない。他者との「ズレ」が基点になって、教材をもう一度読み直したり(教材との「対話」)、自分の考えをつくり直したり(自分との「対話」)する。

　「Which」型課題の国語授業は、こうした「対話」を引き起こす授業モデルの一つである[1]。①問題意識の醸成(うん、そうだよね)　②「Which」型課題の設定(えっ? どれかな?)　③考えのゆさぶり(だめ! なぜなら〜。なるほど!)　④まとめ(答え・整理・発展)※振り返り(確かに! 他にもあるよ!)

　「Which」型課題とは、「Which?」(どれ?)という学習課題である。自分の考えを選択・判断することで、学習者同士の「ズレ」を引き出す。また、「考えのゆさぶり」をすることで、教材との「対話」や自分との「対話」を引き起こし、「収束」的に読み方について深く学べるようにする。

2. 教材分析

　「大造じいさんとガン」は、残雪をいまいましく思っていた大造じいさんが、仲間のガンを助けたり、自分が近寄っていっても逃げなかったりする残雪の姿を見ることで、残雪のことをいかにも頭領らしいと思うようになる話である。「人物像」「視点や視点の転換」「情景描写などの表現技法」「中心人物の変化」「主題」などの「文学の読み方」(文学の着眼点)を活用して読みを交流することで、深く読み味わうことができる作品である。

3. 単元計画(全13時間)

第一次 単元の計画を立てる
・「大造じいさんとガン」や他の椋鳩十作品を読み、椋鳩十作品から好きな作品を選び、研究ポスターを書くという単元の見通しをもつ。(第1時〜第4時)

第二次 「大造じいさんとガン」で読み方を学び、試しの研究ポスターを書く
・作品の設定を確認した上で、人物関係図を書く。(第5時)
・視点人物や視点の転換について話し合う。(第6時)【本時】
・表現技法の特徴について話し合う。(第7時)
・中心人物の変化について話し合う。(第8時)
・主題について話し合う。(第9時)

第三次 他の椋鳩十作品で研究ポスターを書く
・研究ポスターを書いたり紹介したりする。(第10時〜第13時)

【注】*1 桂聖・N5国語授業力研究会(2018)『「Which」型課題の国語授業』東洋館出版社

■導入

1 視点の意味を発表し合う（問題意識の醸成）

桂　では、音読練習を始めてください。どうぞ。

――各自、音読――

桂　今日は「試しの研究ポスターを作ろう」ということで、「視点」について勉強します。
　　語り手、つまり語っている人が大造じいさんの側で語っているのか、残雪の側で語っているのか。

児童　途中で交換。

児童　最初は大造じいさん。

桂　最初は大造じいさんで、途中で交換があった？

> **解説**
>
> 【本時のねらい】本時は、第6時にあたる。ねらいは「語り手の視点について話し合うことを通して、大造じいさんから残雪の視点に転換していることに気付き、その効果を解釈して表現できる」である。実は、「Which」型課題で話し合っていき、その後半で考えをゆさぶることで、視点の転換に気付くようにする予定だった。だが、導入から視点に気付いている子がいた。想定を超える気付きである。

■展開

2 視点について話し合う（「Which」型課題の設定）

――「どちらの側から語っているか？」と板書――

桂　「どちらの側から語っているか？」。最初は大造じいさんで、途中から残雪なんだね。

――「はじめは、大造じいさんの視点」、「途中から残雪の視点」と板書――

桂　じゃあ、大造じいさんの側から語られていることが分かる言葉を探そう。例えば、1場面から言うと？

児童　うーん、何個もあるから迷っちゃう。

桂　そっか、何個もあるんだね。では、どういう表現に注目したら、大造じいさんの側だって分かるかな？

児童　心内語。

桂　そうだったよね。注目する言葉、心内語。

児童　「〜と思っていました」も。

桂　「〜〜と思っていました」。ほかに注目する言葉は？

児童　「〜〜考えて」。

桂　「〜〜考えて」。どう、イメージできそうですか。

児童　「〜〜な気がして」。

桂　「〜〜な気がして」。はい、じゃあ最後。

児童　「しそうに」。

桂　「しそうに」。

――児童の発言に合わせて板書――

桂　じゃあね、先生が読んでみるから、「あ、ここ、大造じいさんの視点から語っているな」と思うところで拍

> **解説**
>
> 【動作化】「大造じいさんの視点から語っていると思うところで拍手する」という活動は、「考える音読」である。表現活動の導入で全員の思考を活性化できる。教師がモデルを示して、児童同士で活動・検討できるようにした。

手してね。1場面からやっていくよ。「今年も、残雪は、ガンの群れを率いて、ぬま地にやって来ました」。

──1人が拍手──

児童　あれ？

桂　語り手が大造じいさんの側にいるかどうか、だよ。もう一回言うよ。「今年も、残雪は、ガンの群れを率て、ぬま地にやって来ました」。

──拍手なし──

桂　最初拍手した人いたけど、その人はどう？

児童　「今年も、残雪は、ガンの群れを率いて、ぬま地にやって来ました」は、ガンの群れがやって来たのを見てるのは、大造じいさんじゃないの？

児童　残雪側の視点だったら、「やって行きました」になる。

桂　なるほど。位置関係で分かるものがあるかもしれないね。

──「位置関係」と板書──

桂　じゃあ、次いくよ。
　　「残雪というのは、一羽のガンにつけられた名前です」。

──拍手なし──

桂　これ関係ないよね。次です。「左右のつばさに一カ所ずつ、真っ白な交じり毛をもっていたので、かりゅうどたちからそうよばれていました」。

──拍手なし──

桂　これも関係ないね。
　　「残雪は、このぬま地に集まるガンの頭領らしい、なかなかりこうなやつで、仲間がえをあさっている間も、油断なく気を配っていて、りょうじょうのとどく所まで、決して人間を寄せつけませんでした」。

──数人が拍手──

児童　え、え。どうだろ、微妙。

桂　お、いいねいいね。どう考えた？

児童　「頭領らしい」とか、「なかなかりこうなやつで」とか、「人間を寄せつけませんでした」ってところが、大造じいさんやかりゅうどが思っていること。

児童　「このぬま地に集まるガンの頭領らしい」ってところ、「らしい」ってなっているから。

桂　「なかなかりこうなやつ」ってだれが考えた？

児童たち　大造じいさん。

桂　そうだね。「なかなかりこうなやつ」も大造じいさんが思っているよね。じゃあ次いくよ。
　　「大造じいさんは、このぬま地をかり場にしていたが、いつごろからか、この残雪が来るようになってから、一羽のガンも手に入れることができなくなったの

で、いまいましく思っていました」。

――拍手多数――

桂　拍手していなかった人、大丈夫？　分かる？
「大造じいさんは、このぬま地をかり場にしていたが、(拍手)いつごろからか、(拍手)この残雪が来るようになってから、(拍手)一羽のガンも手に入れることができなくなったので、(拍手)いまいましく思っていました」。さあ、どの言葉で分かる？

児童　「思っていました」。

桂　そうだよね。「思っていました」あるよね。
じゃあ、今度は、この活動を二人でやってみよう。一人が読む、一人が拍手する。二人でどの言葉で分かったか確認する。「あ、ここ語り手は大造じいさんの側だな」って分かるところに、丸を付けて隣と確認しておいてね。では、続きからどうぞ。

――ペアで「考える音読」――

桂　では、続きからできれば順番通りに、発表していきましょう。何ページの何行目かも言ってね。

児童　「気がしてなりませんでした」。116ページの13行目。

桂　なんでここだと思ったの？

児童　もし残雪側から考えた時におかしいから。

桂　うん。これ、だれの心情が書かれている？

児童たち　大造じいさん。

桂　だから、大造じいさん側からだって分かるね。

児童　まだあるよ。116ページの8行目。「残雪がやって来たと知ると、大造じいさんは、今年こそはと、かねて考えておいた」ってところ。もし残雪だったら、自分で「やって来た」とは言わないし、わなを自分でしかけるのもおかしいから。

児童　もう1つある。「知ると」ってところもそうだよ。

桂　なるほど、「知ると」もそうだね。

児童　「やって来た」ってところが位置関係。

桂　位置関係。なるほど。ほか、どうぞ。

児童　「取りかかりました」。

桂　どういうこと？

児童　「大造じいさんが」ってあるから。

児童　「今年こそは」も大造じいさん。

児童　「気がしてなりませんでした」もそう。

児童　まだある。「ウナギつりばりをしかけておきました」。ここは、残雪が自分でしていたらおかしいし、ねらっているのは大造じいさんだから。

桂　「しかけておきました」っていうのは、残雪じゃなく

　　　　　て大造じいさん？
児童　「しかけておきました」は大造じいさんの行動。残雪が見ているかもしれないから、証拠にはならない。
桂　　証拠にはならないんだ。
児童　えー、大造じいさんの行動だから証拠になると思う。
桂　　この行動描写は証拠になる、ならない、どっち？
児童　証拠になる。
児童　証拠にならない。
桂　　じゃあ、意見を教えてください。
児童　残雪が大造じいさんを見ているかもしれないから、「しかけておきました」ってだけだと分からない。「しかけておきました」って思っている人の主語はない。
児童　残雪側だったら、「しかけていました」になる。
児童　「しかけておきました」だけだったら、何をしかけたのか、だれがしかけたのか分からないから。
桂　　じゃあ、大造じいさんっぽい人と残雪っぽい人出てきて。
　　――お互いに推薦し、選ばれた子は教室の前へ――
桂　　大造じいさん役の人、ウナギつりばりしかけてみて。
　　――児童、ウナギつりばりをしかけるふりをする――
桂　　この場に残雪はいる？
児童たち　いない。
桂　　いないんだから、「しかけておきました」って言うのはどうなる？　じゃあ、語り手役の人、前に来て。
　　――語り手役の児童が前へ――
桂　　このとき残雪はいないから、この文では語り手が大造じいさん側にいるのは分かる？
児童たち　分かった！
桂　　「しかけておきました」だけだと分からないけど、状況があると分かるよね。
　　　　はい、では演じてくれた人ありがとう。拍手。
　　――児童拍手。全員席に着く――
桂　　「しかけておきました」だけでは、確かにどちら側か分からないよね。残雪がいないと分かると、大造じいさん側だと分かるね。もし、残雪がいないか分からないと？
児童たち　どっち側か分からない。
桂　　そういうことだね。ほかにも、大造じいさんの視点だと分かるものはあると思うけど、もうひとつだけ。
児童　「じいさんはむねをわくわく」。
桂　　「じいさんはむねをわくわく」。ここはどうして分かる？
児童　じいさんじゃないと分からない部分だから。

解説

【動作化】「じいさんは、一晩中かかって、たくさんのウナギつりばりをしかけておきました」という表現で、考えのズレが生まれた。とっさの判断でロールプレイを取り入れ、全員の理解を図るようにした。

桂　そうだよね。じいさんの心情。
児童　まだある。もっと言いたい。
桂　たくさんあるよね。じゃあ、ここはどう？「しめたぞ」。これは大造じいさん側に視点がある？
児童　分からない。
桂　なんで分からない？
児童　だって、ここは大造じいさんが実際に言っているから、心内語じゃないから。
桂　そうだね、心内語じゃないよね。これって？
児童たち　会話文。
桂　そうだね。会話文は当てはまりません。
──「×　会話文」と板書──

児童　「じいさんはつぶやきながら、夢中でかけつけました」ってあるよね。これってガンの視点？
桂　「じいさんはつぶやきながら、夢中でかけつけました」。これって、ガンの視点？
児童　そう思う。
児童　残雪側だと思う。
桂　じゃあ、隣と話してみて。
──ペアの話し合い──

児童　「かけつけてきました」だと、残雪側かもしれないけど、「かけつけました」だと大造じいさん。
桂　じゃあ、これは「かけつけました」だから？
児童　大造じいさん。
桂　まとめると、心情がよく分かるのは大造じいさん、残雪どちら？
児童たち　大造じいさん。
──「○心情」と板書──
桂　残雪は？
児童たち　よく分からない。
──「△心情」と板書──
桂　想像するしかないよね。ほぼ想像するしかない。

3　「視点の転換」について話し合う

児童　途中で変わってるよ。
桂　ということは、心情のわかりやすさは逆になるよね。
児童たち　うん。
桂　じゃあ、予想で、変わるのはどの場面？
児童　2かな？
児童　3！　3！
桂　じゃあ、正直言うとよく分からないって人？

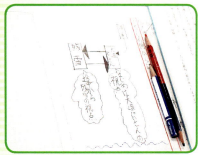

> **解説**
> 【視点の転換】授業計画では「ずっと大造じいさんの視点かな？」「残雪の視点もあるよ」などの言葉がけで視点の転換を探す活動を行う予定だった。児童自らの気付きで活動が発展することは望ましいことである。

──数人が挙手──

桂　なるほど、じゃあ、予想で何場面だと思う？
児童　2か3！
桂　2か3？　1場面は？
児童たち　ない。
桂　4場面は？
児童たち　ない。
桂　じゃあ、2か3を調べてごらん。根拠になる言葉に線を引きながら、1分考えて。

──周囲と相談しながら、線を引いていく──

桂　じゃあ、教えて。まず2だと思った人。
児童　121ページの「様子の変わった所には、近づかぬがよいぞ」。
桂　一度みんなで読んでみよう。
児童たち　「様子の変わった所には、近づかぬがよいぞ」。
児童　残雪じゃない。
桂　違うっていう人がいるけど、どう？
児童　「らしいのです」ってあるから。
桂　「らしい」ってだれが考えた？
児童　大造じいさん。
桂　これは確かに間違えやすい。残雪の心内語のように読めるんだけど、文末に「らしいのです」ってあるから？
児童　残雪じゃない。
桂　そうだよね。
児童　どっちか分からないところがある！
桂　どちらか分からないところ？　どこ？
児童　122ページの1行目。「その広いぬま地のずっと西側のはしに着陸しました」。
児童　それは、大造じいさんが見て、「着陸しました」って。
桂　そうだね。ここは、大造じいさんが見ているんだね。じゃあ、「昨日まで」のところをもう一回読んでみて。
児童たち　「昨日までなかった小さな小屋をみとめました」。
桂　ずっと大造じいさん側から書かれているとすると、ここは、残雪がみとめたのを大造じいさんが見たって考えることもできるよね。
児童たち　あー。
桂　だから、これは完璧な証拠とは言えないよね。実はここではなくて3にあります。ヒント、何ページにある？
児童　127！
桂　127ページにある。残雪の側に語り手がいるところ。
児童　それって一文？
桂　一文じゃないね、二文。じゃあ、隣の人に言ってみて。

14

―― ペアで確認 ――

桂 　さあ、どこ。

児童 　「残雪の目には、人間もハヤブサもありませんでした。ただ、救わねばならぬ仲間のすがたがあるだけでした」。

児童 　目に映っているんだもんね。

桂 　そう。これは「ごんぎつね」でもやったけど、視点の転換っていうんだよね。でもこの部分って、なくても読めるよね。

児童 　「再びじゅうを下ろしてしまいました」。「いきなり、敵にぶつかっていきました」。

桂 　なくても読めるでしょ？　でも、あるよね。なぜあった方がいい？

児童 　感動的になっている。

児童 　ストーリーをつくっている。

桂 　じゃあ、隣の人と話してみて。

―― ペアで話し合い ――

児童 　この部分がないと、大造じいさんが「いきなり、敵にぶつかっていきました」ってなっちゃう。

桂 　確かに。じゃあ、「残雪は」と書いてあるとしたら？

児童 　残雪がどれだけ仲間を助けたいかを伝えたい。

児童 　残雪がなんでいきなり敵にぶつかっていったのか分からないから。

桂 　確かにこの部分があった方が、その理由が分かるよね。

児童 　最後をかっこよく、迫力あるようにしている。

桂 　なるほど。じゃあ、書いてください。「視点の転換」。「仲間を助けることを伝えたい」。

―― まとめを板書する ――

桂 　今日は視点が分かる言葉や、視点の転換が分かる言葉を探しました。ここ（残雪の目には〜。ただ、〜でした）がないと迫力がなくなるよね。「ごんぎつね」ではどこで視点が転換してたかな？　大切な部分だったよね。

解説

【考えのゆさぶり】残雪への視点の転換の二文は、「残雪の目には、人間もハヤブサもありませんでした。ただ、救わねばならぬ仲間のすがたがあるだけでした。」である。こうして根拠になる文を発見することも大切だが、その効果を解釈できるようにすることがより重要である。「この2文、なくても読めるよね。でも、あるよね。なぜあった方がいいの？」という「ゆさぶり発問」によって、「感動的になっている」「残雪がどれだけ仲間を助けたいかを伝えたい」などを解釈を引き出した。

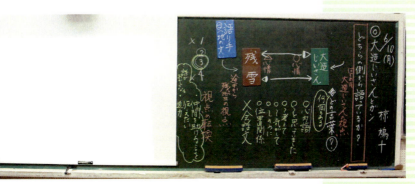

提案授業
「ウナギのなぞを追って」
単元名：科学的読み物を紹介しよう
授業者：青山由紀（筑波大学附属小学校）
児童：筑波大学附属小学校4年

4年[説明文]

1　国語の授業における「対話」とは

　国語の授業で見られる対話には、【対象】と【目的・機能】という二つの観点で、それぞれ三つのタイプがあると考えている。

　まず、課題に対して自分の考えをつくる段階では、テキストと対話する。高学年では、テキストの書き手とも対話するようになる。次に、友達と対話することで考えを深めたり、広げたりする。他者の考えに触れることで、自分の中で自問自答が始まる。これは自己内対話である。つまり、対話の【対象】として、①テキスト（教材の文章や資料）との対話、②目の前にいる他者との対話、③自己との対話の三つがある。

　授業で対話を仕組む【目的】としては、①自己の考えをつくるための対話、②考えを拡散・多様化させるための対話、③考えを収斂させるための対話などがある。

　授業づくりにおいては、【対象】と【目的】という二つの観点について、それぞれ何のためにどのような対話を仕組むかを吟味する必要がある。

2　教材分析

　本教材は、ウナギがたまごを産む場所を突き止めていく調査報告文である。調査隊の一員である塚本勝巳氏が筆者であるため、思いも綴られているところに子どもたちは親しみをもって読む。

　調査方法、事実、考察、仮説を立てて次の調査という説明の流れをとり、調査報告文の読み方を理解させるのに適している。また、写真や図表と照らし合わせながら、文章を読む必然も伴った教材である。子どもの興味は、「研究に長い年月がかかるところ」「次第になぞがとけていくところ」など、いくつかのタイプに分かれる。興味をもった内容について要約させるためには、タイプ別にどのような言葉がキーワードとなるのかを押さえる必要がある。

3　単元計画（全12時間）

第一次　「ウナギのなぞを追って」を読む。(8時間)
　プレ　平成23年度版の「ウナギのなぞを追って」（Aタイプ）を読む。
　①　平成26年度版の教材（Bタイプ）を全文通読し、二つの違いに興味をもたせる。
　②　話題を確かめ、［はじめ・中・終わり］の文章構成を捉える。
　③　二つの教材を読みくらべることを通して、調査報告文の読み方を知る。【本時】
　④〜⑦　事実と考察の関係を理解して調査の道筋を読み取る。
　⑧　自分が興味をもった観点で、要約する。

第二次　科学的読み物を紹介する。(4時間)
　⑨〜⑫　自分の選んだ科学読み物を要約して紹介リーフレットを作成し、読み合う。

■導入

1　前時の復習

青山　前回の授業では、ＡタイプとＢタイプの2種類の資料を配布しました。今日は二つをくらべて気付いたことを話し合うのでしたね。少し時間をとるので箇条書きでメモしてください。

―各自、ノートに気付いたところをメモする―

> **解説**
> 本時は3時間目に当たる。前時では、個人で二つの文章を読み、気付いたことをノートにメモしている。本時では、その学習活動を踏まえた上で展開していく。

■展開

2　二つの文章の共通点を確認する

青山　まずは、共通点から発表してください。当たり前だと思える共通点もどうぞ。

―ほとんど全員が挙手―

児童たち　はい！
児童　普通に二つは言えるよ！
青山　では、どうぞ。
児童　題名が同じ。
児童　ウナギの調査をしている。
児童　筆者が同じ。塚本勝巳さん。
青山　ウナギの調査という内容、題名、それから筆者が共通。それから？
児童　ウナギの調査っていってたけど、探し方が似てる。
青山　なるほど。「同じ」じゃなくて「似てる」でもいいね。
児童　載っている図が大体同じ。
児童　レプトセファルスの小さいものを探している。
青山　探し方をもっと詳しく言ったのね。そもそも、なんで小さいのを探しているの？
児童　小さい方がたまごに近いから。
青山　そうでしたね、本来一番やりたかったことは何でした？　何が問題でしたか？
児童　ウナギが、どこでたまごを産むのか。
青山　そう、Ｂタイプでは、何についての謎か、何段落に書いてあった？
児童　④段落。
児童　③段落じゃない？
青山　③段落だった？　前に確認したときには、みんなは③

> **解説**
> ここまでは、共通点を確認しながら二つの文章の内容をおおまかに確認していった。次に相違点に着目させることで、細かな部分にまで注目するように仕向けた。

　　　段落とは言ってなかったけど。
児童　前やったときには、⑬段落のウナギがどこで卵を産むかっていう問題を話した。
青山　これはBタイプだけど、Aタイプにもある？
児童　Aタイプには、⑫⑬段落はないよ？
児童　Aタイプの⑪段落にあったよ。
児童　でもたまごが見つかってないじゃん！
青山　ちょっと待って。これはBタイプの⑬段落でしょう。Aタイプでは、何段落になるの？
児童　Aタイプだと、⑪段落に、ウナギはどこでたまごを産むのかってことが書かれている。
青山　レプトセファルスの小さいものを探す目的は、たまごを見つけたいということでいいわけね？　そしてさっきの意見では、資料が「同じ」と言わないで、「似ている」ってわざわざ言いかえたのね。
児童　違うところもあるんだよ。
児童　AタイプもBタイプも、どちらとも①段落が全く同じ。
児童　えー、違うよ。
児童　①段落は目的が書いてない。
児童　え、目的って書いてあるよ。
児童　どこにあるの？
児童　4行目だよ。
児童　少しだけ違う。
青山　細かく見ていったら、違うところは山ほどありそうですね。でも①段落の目的や役目は同じということね。

3　相違点に着目する

青山　では、今度は違いを見ていきましょう。ちょっとかっこいい言葉で言うと相違点といいます。まずは大きく違うところから確認します。題名も同じ、筆者も同じ、内容も同じ。なのに、違うところを考えます。隣の人と合わせて三つ以上、できたら五つ以上見つけてください。よーい、スタート！

ーペア対話ー

青山　ストップ！　大きく違うということを、発表しよう。
児童　Bの②段落目。「ウナギの赤ちゃんは、海流に流され、次第に成長しながら、はるばる日本にやって来ます。」の「次第に成長しながら」っていうところが、Aタイプだとない。
青山　②段落がまず違うのね。はい、ほかの人どうぞ。
児童　Aタイプは最後にたまごをとれないけど、Bタイプは

最後にたまごがとれた。

児童たち　おー。

青山　Aタイプはたまごがとれないけど、Bタイプではとれた。では、Bタイプでたまごがとれたのは何段落？

児童　⑫段落。

青山　⑫段落で、たまごがとれた。見つかった。

児童　Aタイプにもたまごにたどり着いたって書いてあるよ。

青山　Aタイプだと何段落に書いてあるの？

児童　⑩段落。

児童　生む場所にたどり着くことができたんだよ。場所にたどり着くだから。

青山　⑩段落にあるのは、生む場所。生む場所に「たどり着いた」と書いてあるけど、まだたまごはとれてはいないんですね。

児童　Bタイプの⑫段落には、ちゃんと、「ウナギのたまごにまちがいないことが分かりました」って書いてある。

児童　ほかには、Aには書いてないけど、Bには図の6と7が書いてある。

青山　図の6と7！　図が違うのですね。

児童　違うんじゃなくて、ない。

青山　Aにはない資料。今言ったのは、どの資料？　Bにしかないもの、図6？

児童　あと、たまごの写真。

青山　その2つが、Bタイプにしかないの？　資料が違うんですね。ほかの人、もう少し、大きい違いを考えよう。

児童　Aタイプは最後の、⑪段落の10行目に「三十年前にくらべると」って書いてある。それで、Bタイプの⑫段落のところには「三十六年の年月が流れていました」って書いてあるから、Bタイプの方が6年多い。

青山　なるほど、年数に違いがある。今言ったのはAタイプが何段落？

児童　⑪段落で、30年前。それで、Bタイプが⑫段落で36年前。

児童　まだ違う年数もあるよ、70年前もある。

青山　どこのことを言ってるの？

児童　③段落の最後。

児童　どっちのタイプ？

児童　両方。

青山　③段落に年数あった？

児童たち　あったー！

児童　でも「七十年以上」と「八十年近く」だから、一緒じゃない？

児童　80年以上って言ってない。
青山　でも、わざわざ、ここに違いがあるっていうこと？
児童　でもほとんど同じだよ。
青山　そしたら、30も36も大して変わらないよね。
児童　でも先生、80年近くと70年以上だから。
児童　近くでしょ。
青山　年数が同じか違うかの話は、ちょっと置いといて、まだ言いたいことある人？
児童　段落とか内容が少しずつずれてる。
青山　ずれてる？
児童　Aの⑦段落。
児童　ちょっとずつずれてる。
児童　Aタイプの方は、⑨段落のところで「海山の近く」って始まってるけど、Bタイプは⑩段落で「海山の近く」って始まってる。
青山　⑩段落に「海山の近く」っていう言葉が出ているのはなんでか、ということを言いたいんだよね。はい、どうぞ。
児童　Aは、Bの⑥と⑦段落が⑥段落にまとめられている。中には少し違う部分があるけど、ほとんど同じ文でまとめられている。
青山　今の意見、分かる？もう一回言ってみて。
児童　Aの資料は、Bの方の⑥と⑦段落がひと段落にまとめられている。
青山　この続きで、言いたい人？　どうぞ。
児童　最後の段落の数が⑪と⑬でずれてて、⑥、⑦でまとめられているっていうところなんだけど。やっぱりAタイプだと⑥段落にまとめられていて、本当はBの方の⑦段落は、Aの方の⑥段落の、「そして、一九九一年には、マリアナ諸島の西」ってところから始まっている。
児童たち　うんうん。
児童　それで、ずれたんじゃないのかなぁって。
児童　あと、Aタイプでたまごがとれないってことと、図がないってことは関係していると思うんだけど。Aタイプにたまごの絵が載ってないってことは、たまごが見つかってないから、ってことなんじゃないかなぁ。
児童　Aではたまごが見つかったとか、そういうことは書いてない。
青山　Aは、何が見つかったところで終わったんだろう。今言ったようにたまごは見つかってないよね。では、Aはどこまで見つかっていたのかな？

――ペア対話――

青山　Aはどこまで見つかったのかっていう話にだったよね。Aはどこまで？
児童　「五ミリメートルの」……。
青山　さぁ、何段落かパッと見つけられる？　Aの何段落？
児童たち　⑬！！
青山　指で押さえられるかな？　じゃあ、読んでみて。
児童　「青い海から白いあみがゆらゆらと上がってきました。中から、小さく丸まった白い糸くずのようなものがたくさん見つかりました。すぐに調べると、それらは、体長五ミリメートル、生後わずか二日の、ウナギのレプトセファルスであることが分かりました。ついに、わたしたちは、ウナギがたまごを産む場所にたどり着くことができたのです。」
青山　今のは、いつの話だったの？　調査を始めてから、5ミリのレプトセファルスが見つかったのはいつか、書いてなかった？　このゆらゆらしてるのが見つかったのはいつか、分からない？
児童　分かる。
児童　分からない。
児童　えー、でもたまごあったでしょう。
青山　Aでたまごが見つかった？
児童　でもさ、この場所にたどり着いたってことは……。
青山　たまごが見つかったとは書いていないよね？　見つかったってはっきり書いてあるのは何？
児童　5ミリメートルまでは見つかったけど。
児童　でもたまごは見つかってないよ！
青山　そうだね、5ミリメートルの、生後2日までのは見つかったって。
児童　だから図7が書いてないってことなんだよ。
青山　それでたまごの写真がないんだね。ここで、みなさんに聞きたいのは、生後2日のウナギが見つかったのはいつなのか分からないという人がいるけど、本当にいつか分からないのかな？
児童　えー、分かるでしょ。
児童　書いてあるよ！
児童　あるところからずっと読み続ければ分かる。
児童　ちょっと待って。Bには書いてある。
児童　Bタイプには書いてある！！
児童　Aタイプにもある。
児童　Aの⑨段落。

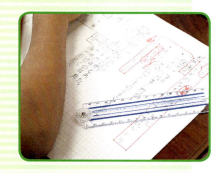

青山　なんて書いてあったの？
児童　「二〇〇五年六月七日、新月の日の昼下がり、マリアナ諸島の西にある海山付近を調査していたときのことです。そのしゅんかんは、やって来ました。」
青山　今、⑨段落に書いてあるって言ったけど、誰かが、同じことがBにも書いてあるよって。Bにも書いてあるの？
児童　⑫段落にあるよ！
児童　書いてある。
青山　Bにもある？　5ミリが見つかった段落ってある？
児童　5ミリはない。
児童　同じ段落だよ、ヒントは。
児童たち　あっ、あった！！！
児童　⑩段落の、5行目のところに、「しかし、二〇〇五年六月七日、新月の日」って書いてある。
青山　たまごまでたどり着く前の5ミリまでは共通。ここまでは両方見つかったのね。だけど、はっきりたまごが見つかったって分かるのは、Bタイプだけ。さて、同じ題名で同じ筆者で、なんで違うところがあるんだろう。この違いはどこから生まれたのか。隣の人と話してください。

――ペア対話――

青山　今、このペアが、「こっちのタイプは2005年が最後で、こっちのタイプは2009年っていうのが最後だ。うーむ」と、2人で唸っています。
児童　AタイプもBタイプも最後の文の下のところに、塚本勝巳さんの説明が載っていて、そこに「この文章は、二〇〇八年に書かれた」っていうのと、「この文章は、二〇〇八年に書かれ、二〇一二年に改稿された」って書いてある。
青山　欄外の、小さい文字のところね！　よく見つけたね。
児童　2008年に書かれたのと、2012年に改稿されたの。
青山　改稿というのは、元の文章を書き直したということです。この間、何年違う？
児童　4年！
児童　その間に2009年5月22日があるよ。
児童　そうそうそう。
児童　あ！　分かった分かった！
児童　見つかったから書き直したんだよ！！！
児童たち　あー！　そういうことか。
青山　「そういうこと」って？

児童　だから、たまごが見つかったには2009年の5月22日、新月2日前の明け方で、Aの文章を出したのは2008年でしょう。そしたらさ、一年先の未来のことはさ、まだ書けないわけじゃん。

児童　確かに。

児童　それでさ、見つけたから、Aタイプはたまごを産む場所で終わってるけど、Bタイプは書き直したってことで内容とかもちょっと変わったんじゃないのかな。

児童　AタイプはBタイプより前に書いたから、まだたまごが見つかっていなくて、Bタイプはたまごが見つかったって言ってたよね？　だから、たまごが見つかったってことを新しく書いた。

青山　Bタイプには新しい情報が入ったんだよね。

児童　2008年に体長5ミリの生後2日のレプトセファルスが見つかって、それが嬉しかったから書いて、一年後にまたたまごが見つかったから、それも書きたかったから付け足したっていう。

青山　うんうん、書きたかったからっていうのはすごく大事なことで、じゃあ一番最後の段落同士ってちょっとくらべてみたときに、まったく違う話？　⑪と⑬。

児童　大体同じ。

青山　こんなに研究が進んだのに大体同じ？

児童　それは疑問。

児童　ついでに分かりやすく図も変えてるよ。

青山　図や資料もついでに変えてる？。それでも一番最後の段落がほぼ同じなのはなぜか。新たな疑問が生まれたね。このことは次に考えることにして、まずは、今日わかったことや気付いたことをノートにまとめましょう。

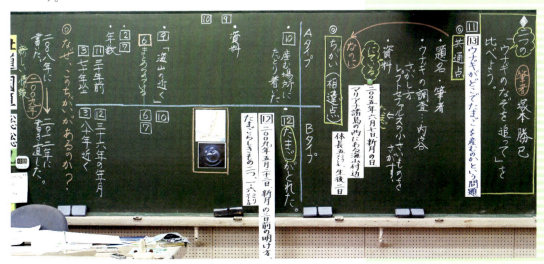

「対話的な学び」の姿を考える

筑波大学附属小学校 国語研究部

座談会

1 提案授業「ウナギのなぞを追って」を終えて

青木 それでは、まずは青山先生から、授業者としてどのような対話を意図していたか、説明をお願いします。

青山 広い意味での対話として、教材文との対テキスト対話、クラスメイトや教員との対他者対話、自分自身との自己内対話があることを前提に授業を組み立てました。

調査報告文の特徴に気付くために、二つの説明文をくらべました。まず、自分一人で、共通点や相違点を見つけた後で、友達と話し合わせて、たくさんの意見を出させます。

最初は拡散型——とにかくたくさん見つけさせます。最終的には、たくさんの意見を分類したり整理したりすることを通して、一般化して収斂していく形を目指しました。具体的には本時で気付かせたかった、それぞれの文章が書かれた時期の相違であったり、文章構成や筆者の伝えたいこととの類似であったりといった事柄を、対話を通して見つけていく流れを考えていました。

授業では、共通点はみんなすぐに言えましたが、相違点はまばらな印象でした。細かな記述の違いを指摘する子と文章構成などの大きな違いを指摘する子がいたので、「大きいところの違いから考えるよ」とそろえるようにしました。全体で意見を言い合い、聞き合いながら、「あ、〇〇さんが言ったことってそういうことだったのかな」とか、ほかの人の意見をヒントに気付きをもたせ、次々と意見がつながるように授業を仕組めたらいいなと考えました。振り返ってみると、大きなペア対話は三回行っていますね。②、⑤、⑥と。

青木 そうするとまず、対話が生まれるための仕掛けとしては、同じ題名、同じ筆者、同じ文章で、書かれた時期が違う二つの文章を用意したことが挙げられますね。23年度版と27年度版の教科書の文章を、

使って、共通点や相違点を探すことで、子どもたちは、まずテキストとの対話がしやすくなりますね。そこで、子どもそれぞれが意見をもつようになるから、基本的には拡散の方向に向かっている。

青山 そうです。

青木 それが少しずつ、ペア対話とか自己内の対話といった中で収斂されていくというような流れでつくられているんですね。

白坂 授業では、3回ペア対話を入れていますよね。1回目の対話というのは自分の考えをつくるためのもの。2回目の対話は、どういった相違点が見つかったのかという確認のため。3回目の対話にはどんな意味があるんですか？

青山 これは、二つの文章の書かれた年度が違うことに全員が気付くようにしたかったんです。そのことに気付いている子と気付いていない子がいる状態でした。一人が「ここにこう書いてあります！」と言って全体に共有するよりは、「ここじゃない？あそこじゃない？」というようにみんなで考えを広げてから共有させたいと思いました。書かれた年度が違うから、調査で分かったことにも違いがあったんだということにつながるところなので。

　対話の最後の部分は、「気付きのさざ波」みたいなものが起こっているように感じました。対話してる子同士が二人だけで話しているというよりは、その声が周りにももれ、それを聞いた子どもが「あれっ？」と気付き、それがざわざわと広がっていく。きちんとした対話でなくても気付きが広がっていくことをねらっていました。

白坂 ということは、導入、展開といった場面ごとに対話を先生は使い分けているってことでしょうか。対話させることに関して、どんな意図をもたれているんですか？

青山 導入部分では、拡散を目的とした対話が多いです。できるだけたくさん考えようって。授業の中盤では整理する意図が強いです。気付いてもらいたいことに気付いている子とそうでない子がいて、もう一歩でみんなが気付きそうなところでもう一回対話を仕組む。さっき話したような「さざ波対話」のような気付きの連鎖を目指して。

　あまり意識はしていませんが、今回の授業に限らず、なんとなくそういうパターンで対話を仕組んでいるように思います。

弥延 最初は拡散が目的ということですね。

青山 はい、まずはとにかくたくさん意見を出させる。

弥延 そんなふうに何かをたくさん見つけるとなると、子どもたちが見つけてくるものって膨大な数になってしまいませんか。ですが、こちらが核として押さえておきたいところは、最後の書かれた時期の違いであるとか、しぼられていると思うんです。

　今日の授業では「大きなところを見つけよう」って途中で先生が言いました。私が実践するとすれば、「年号に注目しよう」とか、具体的な観点を入れて活動指示をしたと思います。先生はそこをあえて「大きな違い」っていう言葉で括っていたので、そのあたりの意図を聞かせてください。

青山 確かに年号で整理するという仕方も

座談会　25

ありますね。年号で整理すると、事実に目が向くよさがあります。でも、本時では年号にこだわらずに叙述を丁寧にくらべていって、どちらも「新月のころ」のところまでは一緒で、「フロント」という塩の濃さの違いに着目する謎解きから違いに気が付くほうが面白いのではないかと考えました。最終的には年号を入れたいけれど、あえてこっちからは出さずに我慢しましたね。

弥延 その方が説明の仕方という部分に子どもたちが気付く機会が増えるということでしょうか。

青山 そうですね。年号に着目させると、どうしても何年になにがあったという出来事にしか注目できなくなる子もいるので。
　例えば、資料に着目してみると、「フロントと海山のつながり」という資料は、改稿後の方にしかない。そのように「こっちにはあって、こっちにはない資料」という余地も残しておきたいと思いました。

弥延 年号に目をつける子もいれば、資料に目をつける子もいて。どちらかにしぼられてしまうことがないように、と。そのようなねらいですね。

青山 そうです。でも、結構後半まで出なかったからすごくこらえてました。板書もここはすごく広く空けていたのに（笑）。

青木 最初に子どもたちは、色んなことに気付いて意見を言うわけでしょう。それは先生としては、板書をしながら受け止めているわけですか？

青山 はい。共通点に関しては色々出ても、ある程度は絞られると考えていました。相違点はどの段落から発言されてもいいように、振り分けながら書けるように準備していました。

青木 テキストとの対話では、どのような発言でも対応できるだけの教師自身の入念な教材分析が必要ですね。どういうふうに子どもの意見を受け止めて整理してあげるかっていう見通しが、先生の中にないと収拾がつかなくなってしまいますからね。拡散の方向に向かわせたい対話では、先生自身にどれだけ心構えがあるかということが大事だと思いました。
　青山先生がおっしゃっていた「気付きのさざ波」のように、ペア対話をしているけどもっと外側の言葉を子どもが聞いてるって結構色んな場面であるよね。ペアで話し合わせているつもりだけど実はっていう。

弥延 よそからの会話が入ってきたり。

青山 思わず後ろを向いちゃったりして。

青木 子どもが縛られてしまうような形は避けたいですね。「二人でペア」って言われたら、形がどうしても先に立ってしまうけども、実は子どもはもっと広く耳をそばだてたり、隣のグループの声が気になっていたりという実態がある。

青山 「隣としゃべらなきゃ」って思っている子も当然いますよね。なので、今回も二人して困っているペアがいたので、私の方で「う〜んって二人でうなってるよ」と取り上げました。そうすると、それ以外の子どもの注目が自然と集まります。
　それから、だれか一人が「はい」と手を挙げて言った意見はその人の意見になって

しまうれど、「さざ波」の段階でほかの人の意見が耳に入ると、それをヒントに新たな気付きができます。自分が見つけたという実感を得やすいと思うんです。
弥延 形式ばかりを重視していると、青山先生の言うような「さざ波」みたいなことは、起きないんだろうなって思います。

2　対話成立の条件を探る

白坂 授業終盤での対話のように、子どもたちが着眼点を定めた上で広がっていった形に、この授業での対話の面白さがあるのかなって思いました。だから2回目の確認のためのペア対話と3回目の気付きが広がるペア対話って、同じ活動をしているようだけれど内容は違いますよね。
青山 そうですね。明らかに違います。
白坂 どんどん発展していっています。
青木 そうすると、同じペア対話を繰り返しているように見えるけど、実は子どもの読みは深まっているし、段々子どもたちの注目している部分も狭まっているよね。そうやって収斂されていくんだろうね。
青山 はい、対話を機能や目的で分類してみると、意見を拡散していくための対話と、途中で収斂していく対話、テキストと対話して自分の考えをつくっていく対話があると考えられます。対話を仕組むときどんな先生も、「今回は広げたいから、ここで対話入れよう」とか「ここでそろそろ狭めたいから対話させよう」とか、目的を意識することが大切だと思います。
青木 さらに対話について、話題を掘り下げてみましょう。先生方は、1回の対話にどれくらいの時間をかけますか？
青山 基本は3分にしています。でも、深めたいときは5分とるようにしています。『ストップ』って言うまで話し続けてください」と言っています。一言二言話して終わりましたっていうペア、必ずいるじゃないですか。話し続けなければならないとなると、同じことを話すのはつらいので、少しずつ言い方が変わり、考えもちょっとずつ深まっていきます。深まるまでには到達しなくても、言い換えをして話す言葉が変わることもあるので。
青木 なるほど。何を対話するかという話題によってかかる時間も違うでしょうね。
弥延 発達段階にもよりますよね。低学年で5分話し続けるっていうのはかなり難しいと思うので、私は現在担任している2年生ではそんなに時間はとりません。
青木 中学年、高学年になると確認するのに1分、深めるのはせいぜい3分かなって思っています。一つ一つの対話にあまり時間はとりません。必要に応じて小まめに入れていくようにしています。グループにして10分話し合わせたりすると、話合いがどこにいくか分からないし、話が拡散で終わってしまうこともありますからね。
弥延 発表しただけで終わってしまう恐れもありますよね。
青木 だから、あんまり長い時間をとるのも、対話としてはどうなんだろうな。
白坂 私は、子どもたちの「声の大きさ」で決めています。子どもは意見の交流や確認が終わると、自然と声のトーンが下がるので、そこで自然と全体での話合いに入れるように観察しています。特に低学年はその方法ですね。時間は目安で、あまりこだわらず、子どもの話したい欲求の変化を敏感に察知して、切り替えるようにしています。
青山 対話で5分とるとなると、やはり単元の終盤となるでしょうね。例えば、文学作品のテーマを書く活動が設定されてい

たりすると、話す内容がたっぷりあって、そこで考えをまとめてるぞという気持ちになっているから、むしろ教師側が「いったん切るよ」ってなる。

青木 自分の読みができ上がっている段階での対話の時間と、考えを形成していくぞっていう対話、分かっていることを確かめようねっていう対話では、そこに使う時間が変わるのは当然ですよね。

青山 逆になかなか話し合えないクラスだと、わざと「30秒ね」なんて言います。そうするとサッと話し合えない子どもたちが急に慌ててやりだします。確認レベルの対話であれば、そういうこともできますね。

青木 白坂さんの話のように、子どもの様子で対話する時間を変えていくっていう臨機応変な対応も絶対に必要ですね。タイマーが鳴って終わりっていうのが続くと、子どもの意欲もそがれてしまいますね。

白坂 例えば、3分で区切るっていうのは、教師の側の事情だから、子どもが話したいのならもう少し時間をとっていいし、確認事項で短く済むのであれば、その時点で終わらせるという判断が必要ですね。

桂 ここまでの話を整理していくと、「対話的な学び」っていったときに、ペア対話を何分行いました、だから対話ですとは言えるのでしょうか。「話し合い活動」と「対話」とは、ちがいがあると思うんです。「対話」っていうこと自体が、どういう考えの営みと捉えていくのかが重要なんじゃないかな。

私は結論から言うと、ズレがあるときに対話が生まれると思っています。確認し合うっていうのは、単なるペアの話合い活動ではないでしょうか。最初に青山先生が言われたように、テキストとの対話、他者との対話、自己内対話というのは確かにその通りなんですが、だからといって全て対話と言ってしまっていいのかなと思っています。

青山 何をもって対話とするか、ということですね。単なる語義語釈のレベルで捉えると、二人で話すから対話ってことですよね。でも、「対話」という言葉が意味する範囲はもう少し広いのかもしれない。

青木 授業の中で仕込んでいくためには、対話したいという必然性を生み出す必要があるから、そのためにはそこにズレが生じる必要があるのかなと思いますね。

桂 ズレって言うと昔、お茶の水女子大学で音声言語を研究されていた村松賢一さんは、「インフォメーションギャップ」と「オピニオンギャップ」の二種類があるとおっしゃっていました。

お互いがもっている情報が違うから対話的に話す、考えが違うから対話的に話す。そういうことから考えると「理解が違うから確認しようね」というのはインフォメーションギャップを埋めるためのもので、活動と言えないことはないですね。

青山 それでは、対話できている状態っていうのはやっぱり授業後半とか単元後半とかにあると考えられるのでしょうか？　前半はそこまで深く読めていないですから。

桂 そうですね、前半ではインフォメーションギャップを埋める活動ですよね。そ

れはペアでやろうが全体でやろうが、インフォメーションと理解を揃えていくという活動。オピニオンギャップ――考えの違いを交流するというところで、さらに深い学びになるのではないかなと思います。

3　提案授業「大造じいさんとガン」を終えて

青木　桂さんの「大造じいさんとガン」の授業では、視点にずっとこだわっていますよね。特に語り手の視点。桂さんはこの授業をどのような意図で行ったのですか？

桂　ねらいは視点の転換に気付くことです。これまでの学習で、視点はある程度学習していました。ただ、視点の転換は、だいぶ前に学習したことだったので、子どもたちは気付かないだろうと思っていたんですよ。それで「これはどちら側から書かれている？」と確認したところで、「大造じいさん」と言うことを想定していました。そこから授業の後半部では、「大造じいさんだけか？」と揺さぶるという予定でいました。教師と子どもとで違う意見を出すというのもズレを生んで対話を引き起こすことだ思っているので、「これで同じでいいの？」とかいう揺さぶりをかけようかなと思っていたのですが、最初に子どもから出ちゃったんですよ（笑）。

青山　そうだよね、「第何場面で変わるよ？」って言っていましたよね（笑）。

桂　正直なところ、どうしようかなと思ったんです（笑）。
　そこで、まず大造じいさんの側から書かれた表現について考えていくことにしました。大造じいさんの視点が分かる表現も子ども同士でズレますよね。さらに言うと、ねらいとしている残雪の視点の転換の部分も、また大きくズレるだろうと予想していて、そこの辺りで対話的な学びが引き起こされると予測していました。
　視点が分かる表現を探す活動では、「考える音読」という手法を使いました。具体的には、教師が本文を読んで、「大造じいさんの視点と思うところは拍手をしよう」と言った部分です。どの言葉で大造じいさんの視点だと分かるのかを明確にできます。そのあとペアで、一人は読む、一人は拍手するという活動をした後に、全体に紹介させました。
　大造じいさんの視点が分かる表現をある程度確認したら、残雪への視点の転換が分かる表現を考えさせました。物語全体の構造も意識させたかったので「何場面で変わっていると思う？」と予想させてから検討しました。
　子どもは 121 ページの「様子の変わった所には、近づかぬがよいぞ」ってところで悩みました。最終的には、文末に「らしいのです」と書かれているから、これはやっぱり大造じいさんだ、ということを確認しています。そのあと三場面に場面の転換がありそうだと気付いて、じゃあ何ページくらいかなと焦点化していって、最終的には「残雪の目には人間もハヤブサもありませんでした。ただ救わねばならぬ仲間の姿があるのでした」にたどり着きました。
　ただ、これも確認するだけではなくて、視点が転換したことの意味を解釈することが大切です。そこで、「この二文を取っても読めるよね。『再び銃を下ろしてしまいました。いきなり敵にぶつかっていきました』でも話は通じるよね」と揺さぶりをかけました。子どもからは「これがあることで感動的になっている」などの意見が出ました。予想外で面白かったのは、「この部分がないと、大造じいさんがいきなり敵に

ぶつかっていきました、になっちゃう」って（笑）。確かにそうだなって思いました（笑）。

なので、「もしもここに「残雪は」って主語を書いたとしたらどう？　それでも分かるよね」って言うと、「残雪がどれだけ仲間を助けたいか伝えたい」「残雪がなぜいきなり敵にぶつかっていったのか分かるようにするため」といった意見が出ました。主題に関わる部分だというふうには言わなかったんですけど、視点の転換には意味があるということが感じ取れたと思います。

対話に注目してみると、一番ねらいに関わるところ、視点の転換に関わる部分でズレが生じた上で対話しています。「様子の変わった所には、近づかぬがよいぞ」って部分が視点の転換部分だと多くの子が思ったけれど、「違うよ。『そう感じたらしいのです』って書いてあるからそこは大造じいさんだよ」って子ども同士で確認しています。ほかにも、「昨日までなかった小さな小屋をみとめました」は、大造じいさんの方から見ているんじゃないかって話になっています。

つまり、視点の転換の表現を確認読みすることで、ズレが生まれて対話的な学びになっている。あとは、「この文はなくてもいいよね？」という揺さぶり発問で教師とのズレを明示化することで、対話的な学びを引き起こすことになります。

青木　この授業で面白いのは、何のためにこの表現があるのかというところだね。子ども同士の話し合いの中から、ズレに気付いて生まれてくる場合もあるし、先生が発問で揺さぶることでそこに対話が生まれてくる、ということもあるんだね。

桂　予定外のところでズレが生まれた場面がありましたね。

青山　ロールプレイさせたところ？

桂　そうです。そこは理解がズレていたので、ロールプレイでイメージを確認しました。

弥延　「ウナギつりばりをしかけておきました」っていうところですよね。

青木　ウナギ釣り針を仕掛けたのは大造じいさんですよね。

桂　そうです。その後に「しかけておきました」は大造じいさんの視点じゃなくて、行動だと確認しました。

青山　そうしたら、大造じいさんの行動を残雪が見ていて、残雪の視点で書いたんじゃないかって言い出した子がいたんだよね。

桂　その発言が出るっていうことは、その場面の位置関係が分かってないってことじゃないですか。だからロールプレイの中で「今、残雪どこにいる？」って聞いたら「あ、全然見えてない」って気付いて、じゃあ大造じいさんの視点なんだ、という確認をしたわけです。ここは予定外のズレでした。でも、そういうのも大事だなって思っています。子ども同士でズレたことを即興的にこちらで確認していく。

青木　ということは、子どもがどういうイメージを抱いていて、どこまで分かっていて、どこから分かっていないのかということを先生がちゃんと気付いて、把握してい

かないと次の手が打てないよね。
桂 そうですね。なのでこのときは、分かっていない子がたくさんいるなって思ったのでロールプレイさせました。
青木 そういうイメージがもてているかもてていないかという違いだもんね。
桂 位置関係の把握ということでいうと、授業の冒頭にも出てきているんです。
　私と子どもでやるモデリングで、「先生が今から読んでいくから、大造じいさんの視点だと思う人は拍手をしましょう」という場面。「今年も残雪はガンの群れをひきいて沼地にやって来ました」。ここで一人が拍手をしたんですね。ほかの子は拍手しなかったから、その子に聞いたら「ガンの群れを見たのは大造じいさんじゃないの?」と言って。次に発言した子どもは賢くて、「もし残雪側の視点なら、『やって来ました』じゃなくて『やって行きました』になる」って言ったんですよ。大造じいさんの側なので「やって来ました」という表現なわけです。だからここは拍手をしてもいいところなのに、一人しかしなかった。それがズレですよね。でも、拍手した、そのたった一人の子の立場になって改めて考え直してみると、もしも残雪側なら「やって行きました」になるということに気付いたんです。相手側の視点に立って考えて話したってことも、いわゆる対話的ですよね。
青木 自分は拍手しなかったけど、なるほど考えてみたらそうかもしれない、ってことですよね。
桂 そうです。
　さっきは、ズレたときが対話的な学びって言うと思うと述べたけど、それもよくよく考えてみると、インフォメーションギャップからオピニオンギャップっていうグラデーションがありそうですね。ズレと言っても、ただ単に理解している情報が違う場合もありそうですね。
青山 うんうん、確かめの段階なのか、解釈の段階なのかってところだよね。
桂 理解が違うのか、考えが違うのか。
青木 それは教師が見極めないといけないことでしょうね。

4　学びを深める対話とは

白坂 授業の序盤でしっかりと確認読みをして、情報を次々と共有してく。だから、授業の終盤の解釈へたどり着けるのではないでしょうか。つまり、前半の手を叩くことで表出したズレを確認したり、視点の展開部分は「一文なのか、一文じゃないのか」も確認したりして丁寧な読みの積み重ねで、土台を整えたからこそ、終盤に面白い解釈がいっぱい出てきたのだろうと私は思います。先生が見取ったズレを共有し、その上で最後に揃えるって感じでしょうか。
桂 そう。最初から、視点が途中から変わっているって言った子がいたけど、そんなふうに気付ける子は少ないです。
白坂 授業の前半部分では、まだ課題が共有の部分などでは、理解に個人差はありましたよね?
桂 すごくあります。
白坂 授業が段々と進むにつれて、子どもの理解がそろってきているなと参観していて私はそう、とらえました。そのために、結構な時間をかけているな、とも。
桂 確認読みを共有するために、前半部分があるって感じですかね。
　そして最後の一押しとしての教師の揺さぶり。「別にこの文はなくても読めるじゃん」と揺さぶって、今まで考えていなかっ

座談会　31

たことを意識化させる。そこで深く解釈できるようにする。

弥延　見ていると、前半はすごく丁寧に確認している感じがしていました。それがやはり最後のところに生かされていたということですね。

青木　最初のうちにね、教師と子ども、子ども同士の間で、小さなズレを埋めていくと言うのかな。共通の土俵に立たせることで、後で読みがどんどん深まるんですね。

桂　そうですね。確かに前半と後半では明らかに違いましたよね。

青木　うんうん。それがね、前半のお膳立てというか、最初の土俵に立たせて子ども一人ひとりがもっている読みのズレを、それこそ会話を通して埋めていった。だからこそみんなで深められるっていうね。

桂　そして、最後は解釈読み。解釈って拡散的じゃないですか。最後を拡散させることって大切ですよね。

弥延　個の読みですよね、最後は。

青木　最後にもう一回、青山さんの言うところの、自分とテキストの対話に帰るという段階が大事なんですね。そのために、前段階で先生が、子どもたちの理解をそろえていって共通の土俵に上げてあげる時間が必要で、そのときの対話はペアじゃなくてもいいわけだよね、先生と子どもたちというような形でも。子ども同士のズレが明らかになるっていうことが一番大事ですね。

弥延　むしろ、ズレを明らかにする場面では「先生」と「子ども」という形で対話していった方が、ねらっている方向にもっていけるのではないかなと思います。

　また、教師主導でズレを埋めていく作業は、一問一答って言われてしまいがちなところもあるかと思いますが、そのことにちゃんとしたねらいがあって、解釈のところにつながるのであれば、それは必要なことだと思います。

白坂　解釈読みは拡散的になるけれど、テキストとの対話及び自己内対話と捉えることができますね。

青山　確かめ読みっていうのは、教師から見ると確かめだけど、子どもから見ると理解できていなかった部分を埋めるための読みだから、どっちから見るかで捉えが変わると思います。確かめって言うと確認するだけみたいになっちゃうけど、みんながみんな理解できているわけじゃないから読みのズレを埋めるための作業も大事ですね。ペアでやってごらんって言ってもどこまで理解しているは分からないし、最後は全体で確認する必要がありますね。

桂　青山先生の場合も最後、書いた年代が違うんだっていうことを発見的に学ばせたいから最初があるんですよね。

青木　子どもの気付きの中で確認をしていきながら、段々と方向を揃えているんだよね。

桂　今回の授業って、例えば、卵がとれた段落を隠しておいて、どっちが先に書かれたのかな？　という流れでもできますか？

青山　できるかもしれませんね。

桂　子どもの意欲とかそういった面から考えると、そういったしかけもありだと思います。あ、でもこれは最初から気付かせ

たいことを言っているからダメですか？

青山 いや、私がことさらしかけなくても、最初に意図的にAタイプを読ませて、子どもたちがそれで勉強すると思い込んでいるところに、「あ、ごめん違う方配っちゃった」と言って、「あれ、似ているんだけどな？」と段落番号の違いに注目させる、という程度で十分子どもの意欲は引き出せたと感じていました。

桂 前の時間に二つはもう読んでいるんですもんね。

青山 そうですね、プレでAタイプは読んでいます。ざっと読んだだけだったので、段落の数が違うくらいしか最初は言ってなかったのが、中身も違うんじゃない？とか、でも最初の写真が一緒だよ、とほかの部分もくらべるようになりましたね。

桂 子どもの頭には改稿したっていう発想はないですよね。だから面白いですよね。

青山 この単元では、科学的読み物や調査報告文を今後読んでいくときにとても大事なことを学習します。どんな立場の人が書いている文章で、いつ書かれているかっていうことは、情報を読むってことに関してとても大事なことだから、今回はあえて取り立てたというか。

桂 整理整頓するときに段落同士で揃えるのはどうかなって思ったんですけど。

青山 そうするとズレていくから？　片方が11段落で、もう一方が13段落だから。

桂 青山先生は観点で整理されましたが、私だったら段落を合わせるかな。そしたら違いがもうちょっとよく見えるかな、と。

青山 全部の段落について意見を出させる必要もないかなと思ったのですが、その方が逆に意見が出るかな。そしたら板書計画

自体も変えた方がいいですね。

5　対話で深める学びのかたち

青木 さて、大体意見が出そろったところでまとめに入りましょう。国語授業における対話、改めてどのようにとらえていく必要があるのでしょうか。

青山 活動ありきじゃないという認識が大切ですよね。活動ありきじゃないから、どこか決まった場所に、決まった対話を入れるのではない。子どもたちにズレが生じているなと感じたり、ここは立ち止まらせたいと考えたりして教師が揺さぶりをかけてお互いに話したくなるように仕組むことが重要ですね。始まって何分に1回話し合う時間を入れるとか、何分間話し合わせるとかいう形式が対話を成立させているんじゃない。

青木 対話って、思考の活動ですよね。だから、常に自己内対話は自分の中にずっとあって、その自己内対話の中で自分が読めていることとか、気付いていることを認識していく。それがほかの人の、例えば先生の発問や揺さぶりを受けながら「これでいいのか」と自分で思いながら読み直すっていうのが、本当の対話だよね。

青山 全く同じ考えっていうのは、確かめ読みの時点でもあり得ないわけだから、どれも対話と言えば対話だと思います。

　逆に「〇〇さんの意見と同じです」と言

葉にすることで思考が止まっちゃう子がいますよね。その言葉でちょっとしたズレも無視してしまう。「同じです」って言わせないことがまずは大事かもしれませんね。

青木 本当はその小さなズレを埋めていくためにやりとりが必要なのに、「同じです」って言っちゃったら、自分の中の違和感もどんどん消えていってしまう。でも結果的には共通の土俵には立っていない。

弥延 そういうことでいうなら、多数派の方に流れて終わってしまうような感じの授業になってしまうのも避けたいですね。

青木 そこでは本当の対話が成立していないから深い学びにならない。

桂 深さっていうのはテキストの意味や解釈の深さってことですよね。今まで無自覚だったことを自覚することが大事ですね。

青山 人との細かい差異を、明らかにしていって、自分の考えをつくっていく過程。

弥延 そうですね、やはり最後は自分の考えを表現するっていうところまでいくのがゴールというか、大事なところじゃないかなと改めて感じました。

青木 結論、対話は見た目の活動ではない、ということ。思考の働き。

桂 友達と自分との違い。結果的にテキストと自分。そこが思考ですよね。

青木 その思考を促すきっかけの一つとなる大きなものが、ズレである。自分と友達とのズレあるし、先生と子どもたちとのズレもある。

青山 ズレを自覚し、明らかにすることが大事ですね。先生は「あ、ズレてるな」と思っていても、子ども同士がズレていることに気付いていないこともあるわけだし。

白坂 このように考えていくと、授業の中での教師の役割って大きいですよね。お二人の授業を参観して、もし自分だったらどんな言葉を使うか、どんな働きかけをするかなって考えていました。

例えば、教師の子どもへのかかわり言葉に目を向けると、桂先生は、子どもの立場に立って「そうだね」や「そう」と言って、共有しているんですが、揺さぶりをかける場面では「でも」って、何度も使っています。揺さぶるために「でも」という逆接を使っています。青山先生の場合も「そうだね」って言いながら、深める場面では「本当に？」って言っています。この共通点が興味深い。わざと逆を言って「でも」って使ってみる。「本当に？」と突っ込んでみる。小さなことだけれど、ここにズレを意識化させて対話を生み出すポイントがあると私は思いました。

青木 「ペアで対話してごらん」と指示するだけではただの活動で、本当の意味の対話にはならないということが分かりました。対話を生み出すために、どのような授業づくりができるか、さらに深めていく必要がありますね。

先生方、今日はありがとうございました。

II章
対話を支える基礎スキル編

対話の「基礎」を育てる

神奈川県・川崎市立はるひ野小中学校　土居正博

1 はじめに―対話の「基礎」とは―

本稿では、本書のメインテーマである「対話」の「基礎」を育てることについて論じる。対話は自己内対話や教材との対話など様々な種類があるが、ここではペアやクラス全体での話合いなど「対他者」の対話に絞って紹介していく。

「対他者」の対話の基礎とは一体何だろうか。教師になりたてのころの私は、学習課題や発問さえ子どもたちの興味をひく面白いものであれば、子どもは自然と話し出し、対話が成立すると考えていた。しかし、現実はそう甘くはなかった。いくら面白い発問を考えても、子どもたちの対話力の「基礎」を育てていなくては、子どもたちは話し出さないのである。

現在、私が考える対話の「基礎」とは以下の二点である。

- 人前でしっかり声を出せること
- 相手の言っていることを聞き取ること

まず、人前でしっかり声を出せなくては、クラスでの話合いに参加できるはずがない。ろくに声を出すこともできないのに、自分の考えをみんなに伝えることなど非常に難しい。当たり前のことである。それなのに、教師が発問ばかり面白いものにしたところで、そのような子はノートに自分の考えを書くだけで、話すことはないだろう。人前でしっかり声を出す力があって初めて対話に参加できるのである。

また、相手の言っていることをしっかり聞き取り理解する力なくして対話に参加することはできない。よく発言はするのだが、人の話は全く聞いていないという子も対話の「基礎」が育っていないのである。

この2点の対話の「基礎」を育てる指導について紹介していく。

2 人前でしっかり声を出せるようにする指導

まずは最小単位のものから攻めていくべきである。人前で声を出す最小単位は、「返事」である。「対話」がメインテーマである本書で「返事」のことなどが出てくるとは意外に思われるかもしれないが、だまされたと思ってしっかりとした声で「返事」をさせることにこだわって指導してみてほしい。必ず効果が表れるはずである。方法はとにかく「返事」をすることを習慣付けさせることである。返事をしなかったら発言させない、返事をするまで名前を呼ぶなどするのである。「返事」にこだわって指導する理由は主に二つある。

一つ目に「返事」はやろうと思えば誰でもできることだからである。このような基礎中の基礎から育てなおしていくことが重要である。二つ目に特別な場を用意せずとも「返事」をさせる機会は1日のうちに何度もあるからである。いくら「対話の基礎を育てたいから」といっても、特別な活動であったり、準備に時間がかかったりするものであれば取りかかりにくくなってしまう。しかし、「返事」をきちんとさせ

る、ということであれば朝の会や授業中などに気軽に行えるのである。

次に「音読」である。「音読」もその場で即興的に自分の考えを話し合う対話とくらべると、書いてあることを読み上げるだけの単純な行為である。しかし、これをしっかりとした声で行えなければ、他者に自分の考えを堂々と伝えることなどできるはずがないのである。「返事」よりは少しレベルが上ではあるが、まだまだ「基礎」と呼べる事項であろう。方法は、クラス全体に「ハキハキと読むこと」を伝えた後、一人ひとり読ませて「個別評定」をすることが望ましい。

3 相手の言っていることを聞き取る指導

対話における「聞く」ことにおいて最も基礎的で重要なのは「相手の言っていることをしっかり聞き取る」ことである。しかし、相手の言っていることを正確に聞き取れているかどうかは見た目では判断できない。静かに相手の方を見ていれば見た目では「しっかり聞いているな」と見えるが、本当に相手の言っていることを理解しているかどうかは分からない。

そこで、クラス全体で話し合っている際に「今○○さんが言ったことを言える人？」と尋ねてみる。ぼんやりと聞いていた子は手を挙げられないはずである。それでは「話を聞いていた」とは言えないことを繰り返し指導していく。すると子どもたちは徐々に友達の発言を自分の口で再現できるようになっていく。これが本当に「しっかり相手の話を聞き取っている」という状態である。このような力が付いていないのに対話をさせようとしても無理である。

「○○さんの言ったことが言える人？」に対して、ほとんど全員が答えるようになってきたら、「○○さんの考えに反対の人？」や「○○さんの考えに対して、あなたはどう思う？」などとレベルを上げていけば、自然に対話を発生させることもできるだろう。

また、ペアで話し合っている際にも対話の「基礎」を育てることができる。ペアで話し合わせた後、「相手が言っていたことを言ってください」と指示し、ペアの相手の話していた内容を言わせるのである。こうすることで、自分が一方的に話すだけでなく、相手の話に耳を傾け、その内容をきちんと聞き取る姿勢や力を身に付けさせることができる。

4 おわりに

本稿では、対話の「基礎」を育てることについて述べた。このようにして子どもたちの対話の「基礎」を伸ばした上で、教師が発問や学習課題、学習形態を工夫すると、相乗効果を生み、子どもたちの学習はグンと深まる。教師による教材研究や発問研究という方針とともに、子どもの「基礎」を育てるという方針も常にもっていると子どもの学習をよりよいものにできるのである。今後もこの両面から提案していきたい。

【参考文献】
土居正博（2017）『1年生担任のための国語科指導法』明治図書出版
長崎伸仁監修、香月正登、上山伸幸編著、国語教育探究の会（2018）『対話力がぐんぐん伸びる！文字化資料・振り返り活動でつくる小学校国語科「話し合い」の授業』明治図書出版
野口芳宏（2012）『野口流教室で教える音読の作法』学陽書房

主体的な対話を目指して

東京都・杉並区立済美教育センター　林　真弓

　子どもは本来話すことが好きである。休み時間などには進んで昨日みた映画やテレビのこと、好きなスポーツのことなどを次々に話してくれる。しかし、授業になると意見を言う子が限られてしまうというという悩みを多くの先生から聞くことがある。

　多くの子どもたちが話したくなるには、どうすればよいのだろう。

1　必然性のある対話の場をつくる

　教師から出された課題や話題について、「話し合いましょう」と言われても受け身であるため、自分の考えを述べ合うだけで終わることが多い。

　しかし、自分が疑問に思うことや追究したいと思うことに対しては主体的に話したいという意識が生まれる。

【実践例】

「生き物は円柱形」（光村・5年）

①個の課題をもつ

➡ 教材との対話　個別の学び

　一人一人が疑問や追究したい課題を挙げ、個別で課題解決に向けて学習を進める。

【出された個別の疑問・課題】

・本当に「円柱形は強くて速い」のか？
・なぜ突然円柱形ではない蝶の羽のことを出してきたのか？
・筆者が伝えたいことは何か？　など……

②個別での課題追究を基に皆で話し合いたい課題（共通課題）を決め、話し合う

皆で考えたい共通課題　⬇　共同の学び

○本当に「本当に生き物は円柱形」なのか？
○考えを交流する。
＊訪ね歩きで主体性のある対話を。
・一人でさらに作品と対話する。
・ペア・トリオ・グループでの対話。
・話したい相手を自分で選んで話し合う。

★ポイント1
・個別での学びをもとに、共通課題について相手や人数を自らが意思決定し、話し合うことが主体性につながる。教師主導ではなく、あくまでも学習者主体での対話である。

★ポイント2
自分の考えを述べるときのポイントとして、自分の考え・根拠・理由を明確にする。

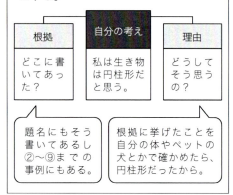

参考・河野順子（2017）『質の高い対話で深い学びを引き出す』明治図書出版

③全体で交流する

　個別での学び、友達との交流をもとに、全体で交流し共有する。

個別の学び ⇒ 共同の学び ⇒ 交流と共有

2　対話における学習形態の工夫

　対話の学習形態は、発達段階や子どもの実態など様々な状況や教師のねらいなどに沿って、使い分けたいものである。

　そこで主な学習形態と簡単な特徴を提示する。

主な学習形態と特徴

ペア	低学年などで用いる、対話の基礎的な学習形態。隣や前後の友達と交流する。
トリオ	三人で話し合う。机を使用するときには右図のようにするとノートなどを互いに見くらべながら話ができる。（根拠を明確にして話し合える）。 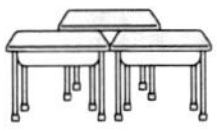
グループ	四人以上での対話では、司会を決め話法を指示すると、一方通行の発表のみになりがちである。例えば1回目は同じ考えのグループで、次は違う考えのグループで話し合うなど、話したくなったり、聞きたくなったりする話題や課題を設定することが大切。
回転寿司方式	ペアをつくり、どちらかの列の子どもが次々に移って相手を変えて話し合うことで、より多くの友達と対話できる。 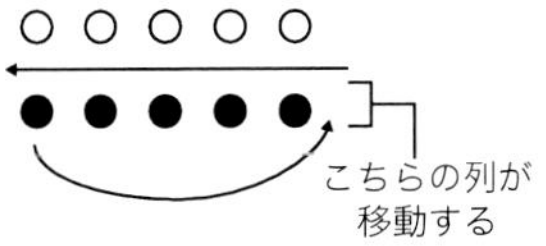
ワールドカフェ方式	グループで話し合い、ホワイトボードや大判の画用紙などに書いたものを、自由に歩きながらほかのグループのものを見て回っていく（グループの一人はグループに残り、質問や説明をする）。
訪ね歩き方式	話したい相手・人数を自分で選び、自由に話し合う（自分の意志で相手や人数を決定することで主体的に学習に参加できる）。

3　終わりに

　本稿では「主体的な対話を目指して」というテーマで述べてきたが、学習者が主体的に対話するためには、子どもが自らが追究したい疑問や課題をもち、解決するために自分や教材と向き合い、友達と交流する中で解決しようとすることで必然性のある対話が生まれる。

　参考に対話の学習形態例を示したが、形態や話型をマニュアル化して行うのではなく、目的・内容・子どもの状況に合わせて、自在に取り合わせて活動することが大切である。

　対話とは、単に話し合うことではなく、ときに教材と、ときに自分と、ときに他者と対話することである。

　課題解決のために、それらの対話を効果的に組み込み、深い学びへと結び付く授業づくりを心がけたい。

他者との対話を生み出すために

東京都・立川市立新生小学校　石原厚志

1 対話を通して「意味」を共有する

　人が対話を必要とするのは、相手と「意味」を共有したいと思うときである。つまり、自分の考えと相手の考えに「ズレ」が生じていることに気付いたとき、人は話すことや聞くことを通して「意味」を共有したいと思うのである。互いの考えのズレをすり合わせ、共有していくためのプロセスとして、対話は生み出される。自分の考えや気持ちが「伝わらないな」と思ったときこそが対話のチャンスであり、教室でも、日常的に「ズレ」を意図的に生み出すようなしかけが必要である。

2 対話を支える二つの「きく」

　対話を支える基礎スキルとして二つの「きく」がある。

　一つ目は「聴く」である。身をいれてきくことで、話の内容はもちろん、相手の置かれた状況や相手のもつ想いまでも想像したり、察したりする。この「聴く」を通して、共感的な態度を示すことで両者の間に信頼関係が築かれることになる。

　二つ目は「訊く」である。相手に尋ねる、つまり質問をするということである。よい質問は相手の思考を刺激する。考えながら答えるうちに思考が活性化されてきて、自分の考えや思いを言葉にすることができるということもある。二つ目の「訊く」を通して、相手の中にあるものを引き出し、新たに形づくらせ、結果として相互理解が深まることになるのである。

3 実践例

　対話の基礎力を上げるためには、日常的に対話をしたり、対話を目にしたりすることが欠かせない。ここでは二つの事例を紹介する。

(1) フリートーク

　フリートークとは、話題提供者から出された提案に対して、自分の考えを発表する活動である。

【話題の種類】
①情報提供型（好きな○○は〜。）
②悩み相談型（〜するにはどうすれば？）
③想像型（もしも○○だったら？）
④対立型（○○と□□ならどっち？）

(桂聖（2006）『クイズトーク・フリートークで育つ話し合う力』学事出版参照)

　この中で、誰もが参加しやすく、対話を生み出しやすいのは④の対立型である。対立型と言っても「小学生がスマホを持つことに賛成か、反対か」というような討論型のものではなく、「犬と猫のどちらが好きか」とか「夏休みに行くなら、海と山のどちらか」というような選択型の話題がよい。高学年であれば「物語を映画で観るか、本で読むか」というような話題も考えられる。

　どのような話題であっても、まず大切なことは、受容的・共感的態度で話を聴くということである。学級全体を見渡し、うな

ずいたり、相づちを打ったりしながら聴くことができている子をしっかりと評価することで、そのよさを全体に広めたい。

さらに、対話を生み出すためのアイテムとして活用したいのが「5Q（クエスチョン）カード」である。

「対話」であるから、もちろん話すことも大切ではあるが、本来は考えることが対話の目的である。これらのカードの言葉をきっかけに、質問を投げかけられることで、新たな視点で自己内対話が始まり、より考えが深くなる。

フリートークは、対話を支える言語能力の育成と同時に、児童の相互理解の場にもなるのである。

(2) 文学的文章の授業実践

教材は「海の命」（光村・6年）である。説明文でも文学的文章でも、国語の授業で一人ひとりの考え方のズレが最も生じやすいのは解釈を問われる発問に対するときである。

対話を生み出す環境づくりということであれば、その時間のメインとなる発問も、子どもたちにとって重要なものとなるのではないだろうか。

本実践では「太一がより尊敬していたのは？」という発問に対して、「父」という立場と「与吉じいさ」という立場の二項対立で考えを述べ合う展開となった。

はじめに自分の立場を決めた際に、黒板にネームマグネットを貼り、自分の立場を明らかにする。その上でペア→グループ→尋ね歩き（フリートーク）というように対話の形態を変えながら、自分の考えとその理由を伝え合う。

尋ね歩きの際には、教師の指示で話す相手を限定する（例えば同じ立場の人二人と、異なる立場の人二人など）こともできるが、子どもたちは自然と異なる立場の人を求めて対話を始める。自分と他者との考え方のズレに興味をもち、「相手の言っている意味を知りたい」「相手がそのように考えた理由を知りたい」と思うのである。

フリートークの際に用いる「5Qカード」を活用するまでもなく、対話を生み出す質問が次々と出される。真剣にやりとりされる質問と答えが「異質な他者」とのズレをすり合わせ、国語科という教科の学習を通して、また一つ、相互理解が実現する。

授業の最後には、自分のはじめの考えが、他者との対話を通してどのように変容したのかを振り返ることで、対話が生み出すものの価値を、客観的に見直すことができるであろう。

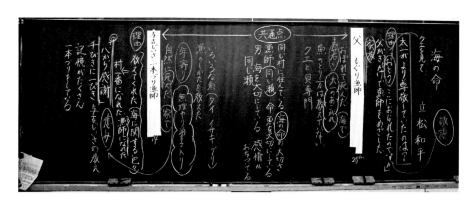

「読みの意識の三層構造」をもとにして、考えの広げ方・深め方を身に付けさせる

福岡県教育センター　立石泰之

1 「読みの意識の三層構造」とは

　上の図は、読み手の読んでいる状態を表したものです。これを「読みの意識の三層構造」とします。一番上の層には、読み手に最も意識されやすい、文章を読んで頭に浮かんだイメージや評価等があります。そのイメージや評価等はあいまいで直感的なものです。次に意識されるのが、中間の層にある根拠となる言葉や解釈です。自分の中に浮かんだイメージや評価が、どの言葉によって引き出されたのか、その言葉からイメージや評価等がなぜ生まれたのかの理由（解釈）を意識します。最後に、最も意識されにくいのが、一番下の層にある既有知識や原体験、価値観です。言葉の関係付けや解釈には、読み手のもつ知識や経験、価値観等が大きく影響します。

　「読むこと」の対話では、どの言葉に着目し、その言葉からなぜ自分たちが考えるイメージや評価等が生まれたのか、その根拠や理由（解釈）の妥当性について、検討していくことが必要になります（詳細については、拙著（2017）『対話的な学び合いを生み出す文学の授業「10のステップ」』明治図書出版、参照）。

2 「読みの意識の三層構造」をもとにした対話の方法

（1）質問型解釈ペアトーク

　根拠となる言葉や理由となる解釈についてペアで話し合う方法です。この話合いの目的は、他者と話し合うことによって、自分の考えの根拠となる言葉と解釈を明確にし、考えを見つめ直すことです。以下の流れで聞き手から質問をさせます。

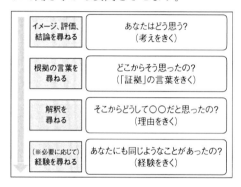

　質問された方は、尋ねられたことだけに答えていきます。このペアトークによって、質問をした方には聴く責任が生まれるとともに、聞き手も話し手も考えの根拠となる言葉、その言葉が根拠となる理由（解釈）、そう考えるもとになった自分の経験等を区別するようになります。そして、根拠、理由が整理され、自分の考えが明確になっていくのです。

【実践例：松中 好江 教諭の実践（3年）】

　子どもたちは、学習課題に対する自分の考えや根拠の言葉を次ページのような「読みの観点別カード」に書き、カードを持って移動しながら、友達の考え・その根拠の言葉・解釈を聞き合いました。そして、考

えを見直し、自分の考えの変化を記録していきました。

「読みの観点別カード」の概要

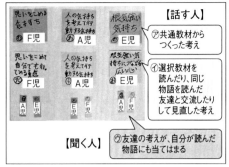

(2)「直観→説明」グループトーク

グループで、一人ずつ自分の考えの根拠となる言葉や理由となる解釈について説明し、聞き手の子どもたちが、「自分に似ている、つながる」等、直感的に評価して表明していきます。全員が考えを説明した後、それぞれが評価した根拠や理由について互いに説明していきます。

【実践例：柴田 麻衣子 教諭の実践（5年）】

共通教材からつくった自分の考えを確かめるために、選択教材を各自が選んで読み、最終的な自分の考えの変容についてグループで話し合う活動を設定しました。

画像のようにふせんとボードを使って交流していきました。一番上に共通教材から最初につくった考え、その下に選択教材から見直した考えを貼り、根拠となる叙述を示しながら説明させます。聞き手は、自分の選択教材にも話し手の考えが「当てはまる」と思った場合に、小さなふせんを下に

貼ります。全員が説明した後で、「当てはまる」と考えた理由について、根拠となる叙述を示しながら互いに説明し合っていきます。

3 「読みの意識の三層構造」をもとにした対話のポイント

自分の考えを確かにしていくには、「醸成」する時間が必要です。まずは、ペアやグループで、意識しやすいところから順を追って話し合わせ、考えを明確にさせてやりましょう。

また、ペアやグループで話し合わせる場合には、話合いの目的を明確にすること、話題・課題を絞ることが大切です。目的があいまいだと、聞き手が何を、どのように聞けばいいのかが分からなくなり、話合いはなかなかかみ合いません。協調的な話合いか、主張的な話合いか、その目的や考えるべきことを共通理解した上で、それに合ったペアやグループでの話し合い方を教師が示してやることで、子どもたちは主体的に話し合えるようになります。

「つながり」と「文字化」を意識して、対話力を伸ばそう！

東京都・世田谷区立玉川小学校　沼田拓弥

1 「つながり」を意識して話す力を鍛える

子どもたちの対話力を向上させるためには、「つながり」を意識しながら話させる必要がある。つまり、自分が話している言葉や文の「つながり」。自分と相手が話している内容の「つながり」。これがあいまいな対話は、目的がなく、ただ時間だけが流れる対話になりがちである。

そこで、日常的にこの「つながり」を意識させるため、私の学級では以下のような「つなぎ言葉（接続詞）」を掲示している。

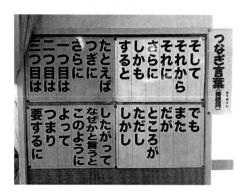

この力は対話だけでなく、文章を書く際にも、大きな力を発揮する。「書くこと」「話すこと」は、文の「つながり」を意識できる大きなチャンスである。また、写真の言葉は、「思考に関わる語句」として扱われ、自分の考えを論理的に述べる際には、必須の言葉である。日常的にふれていくことによって、意識せずとも活用し、表現を楽しむ子どもたちを育てたい。

2 対話の文字化でスキルを意識的に使う

話し言葉は書き言葉と違い、文字として残ることがなく、瞬時に消えてしまう（更新される）ため、子どもたちはなかなか自分の対話スキルを意識化することができない。もし、今の自分の話はどんなスキルを使ったことでうまくいった（うまくいかなかった）のかが明確になれば、より対話力を向上させることができるだろう。

そこで、ここでは「対話の文字化」を紹介したい。子どもたちが実際に対話（話合い）した内容をボイスレコーダー等を活用し、録音された音声をもとに教師や子どもが文字起こしを行う。その文章を見ながら、自分たちが実際にどんなスキルを使っていたのかを認知することが可能になる。低学年は難しいかもしれないが、中学年以降であれば自分たちの対話の「記憶」と録音機器の「記録」を頼りに、自ら文章に起こすことも可能である。

文字化した資料を見ながら、以下のような項目が自分のスピーチや対話の中に使われていないかを分析するとよい。

「提案」「確認」「質問」「理由付け」
「パス」「反論」「受容」「言い換え」
「補足」　等

この対話スキルのネーミングは学級で話し合うとよい。なお、この文字化資料を活用した授業実践の詳細に関しては、拙稿(2018)「アイデアを高め合う話し合いの授業アイデア」『対話力がぐんぐん伸びる！文字化資料・振り返り活動でつくる』(明治図書出版) がある。

3 実践例

(1) 「つなぎ言葉」を用いた文章づくり

　この活動は、ペア活動で行う。教師の方で、対話テーマを発表し、即興的に対話を行わせる。その際、必ず自分の話の最初には「つなぎ言葉」を用いる。聞いている側の子は、随時、話の内容に対して質問を投げかけてもよいこととする。例えば、「週末の出来事」をテーマとした場合、以下のような対話が考えられる。

A：まず、私はお父さん一緒に電車に乗って買い物に出かけました。
B：どうして？
A：なぜかと言うと、私の誕生日が近いのでお父さんがプレゼントを買ってくれると言ったからです。
B：ほかにはどんな出来事があった？
A：さらに、おいしいお昼ご飯を食べに連れて行ってもらい、幸せいっぱいな気分でした。（続く）

　下線で示したように、Ａの子には、自分が話し始める際には、意識して「つなぎ言葉」を使用させる。会話の流れによっては、「つなぎ言葉」を使用することが難しいこともあるかもしれない。そこは子どもの実態によって変更しても構わない。大切なのは「意識的に使う」ということである。

　また、Ｂの子には、「訊く力」を育んでいきたい。「訊く力」は、「聞く」「聴く」とともに対話を充実させる非常に大切な力である。この学習活動は、朝の会や隙間の時間を活用して行うと効果的である。

(2) 「文字化資料」で対話力アップ！

　子どもたちの対話を文字化資料として作成し、以下のような文章が可視化できたとする。この場合、子どもたちはどのようなスキルを身に付けていると言えるだろうか。対話のテーマは「夏と冬はどちらが楽しいか？」である。

A：わたしは、「夏」です。なぜなら、海やプールでの遊びが楽しいからです。
B：どんなところが楽しいのですか？
A：大勢の人と大きな声を出しながら遊べるところです。
B：それなら、冬の雪遊びも同じではないですか？
A：雪遊びは、できる年とできない年があるので、毎年、遊ぶことのできる「夏」がいいです。
B：なるほど。理由がはっきりしていますね。Ｃさんはどうですか。
C：はい。わたしは……（続く）

　上記の下線の部分が子どもたちに意識させたい対話スキルの部分である。順に、「理由付け」「質問」「反論」「受容」「パス」となる。このように、まずは自分たちがどのような対話スキルを使っていたのかを見つける作業を行う。次に、どの発言（対話スキル）によって、この対話が広がったり、深まったりしたのかを分析させる。これによって、以下のような効果が期待できる。

---
①自分たちがどのような「対話スキル」を活用することができている（できていない）のかを自覚することができる。
②効果的な「対話スキル」はどれかを分析した上で、今後、意図的に使うことができるようになる。

読み聞かせで楽しくトーク

沖縄県・宜野湾市立大山小学校　山田秀人

1 活動の意義と目的

　子どもたちは、読み聞かせが大好きである。だからこそ、その場をただ「聞く」だけの場にするのではなく、想像力豊かに広がったイメージを他者に話すことにまで広げなくてはもったいないと私は思う。

　読み聞かせを行った後に、感想を話し合うことはよくある。しかしそれだけでは、発表が得意な子や勘のいい子が発言するだけにとどまってしまう。全員が楽しく話し合うには、正解・不正解や優劣がなく、自由に発言できる場にすることが大切だと考える。その上で、読み聞かせを通して、子ども一人ひとりが「もっと話したい」という感情を適切に伝えるスキルが身に付けられるようにしたい。

2 活動の概要

　読み聞かせの行い方は、本を読む教師の周りに子どもを座らせて行う一般的な方法でよい。しかし、特に強調して示したい文や言葉、挿絵などがある場合は、書画カメラやプロジェクターを使ってスクリーンに大きく提示すると効果的なこともある。

　読み聞かせの場面を次の三つに分けて、子どもたちが話し合う場を設定する。

- ・読み聞かせを行う前
- ・読み聞かせを行っている最中
- ・読み聞かせを行った後

　例えば、以下のような話題を取り上げる。

【子どもが話したくなる 10 の話題】

読み聞かせの前に取り上げる話題
　①どんな題名かな？
　②どんなお話かな？（話の概要）
　③どんな登場人物がいるかな？
　④どんな出来事が起こるかな？
読み聞かせの途中で取り上げる話題
　⑤この続きはどうなるかな？
　⑥ここまでのお話を○秒でお話して！
読み聞かせの後に取り上げる話題
　⑦好きな登場人物は？（その理由も）
　⑧一番心に残ったページは？
　⑨「もしも〜だったら」でリライトできる？
　⑩読んだことない人にオススメするなら？

3 実践例Ⅰ「どんな題名かな？」

　読み聞かせを行う前に、題名を隠して表紙の挿絵を見せたり、題名の一部を隠したりして、「このお話は、どんな題名かな？」と、問いかけて話し合わせる。一人を指名

して発言させても、近くの人と話し合わせてもよい。

正しい題名を当てることが目的ではなく、少ない手がかりをもとに想像したことを楽しく共有できる雰囲気づくりに努める。

4 実践例Ⅱ「この続きはどうなるかな？」

読み聞かせの途中で、「さて、続きを読む前に。この続きはどうなるかな？　みんなで予想してみよう！」と、投げかけてみる。子どもたちは、思い思いに自分のイメージを話してくれるだろう。

読み聞かせを途中で止める場合には注意が必要である。子どもの楽しい時間を損なわないよう配慮しなくてはならない。

また、本の内容によって区切る箇所を考えておくことも大事である。例えば、教科書にも掲載されている「おおきなかぶ」のような繰り返しのある作品の場合だと、2〜3回程度、出来事が繰り返された後に問いかけた方が、子どもにとって想像しやすい。ほかにも起承転結がはっきりしている作品では、クライマックスの前だと、そのドキドキ感を共有することができる。ファンタジー作品だと、不思議な世界に入る前に予想させると、想像したこととは異なる展開に、より興味をもって読み聞かせに聞き入るようになるだろう。

5 実践例Ⅲ「もしも〜だったら」でリライト

読み聞かせが終わった後も、単に感想を話し合うだけではなく、「もしも〜」と、子どもに想像の世界を話させる。

例えば、「浦島太郎が最後、玉手箱を開けていなかったら、どうなっていたかな？」と、異なるお話の結末を考えさせる。また、「かえるくんとがまくんに、お手紙を届けたのが、かたつむりくんではなく、うさぎちゃんだったらどうだったかな？」と、異なる出来事でお話をつくらせることもできる。子どもたちは想像力豊かに目を輝かせて話し始める。

このような活動をした場合、子どもの想像したことがお話の内容とかけ離れていたり、ふざけ半分になったりしてしまうこともあるだろう。文学の授業であれば訂正するべきだが、ここでは話し合うスキルに焦点を当てているので、考えを伝えられたことを認め、発言を明るく受け止める場づくりに努めたい。

6 留意点

こうした活動の中で重要なことは、育てたい力を明確にしておくことである。

ここまで紹介した活動は、文学の授業にも応用することができる。どんなお話になるか予想させたときは、「起承転結」を意識して伝えることができると文学の読みにもつながる。また、一番心に残った場面を伝えるときにも、クライマックス（山場）を取り上げて伝えていると、読みの力の底上げになる。

しかしながら、そのような指導に偏ると、「誰かに話したい！」という素直な気持ちや「あの子の話をもっと聞きたい！」という話し合うことへの意欲の向上につながらないこともあるだろう。自分の考えを伝えたい、表現したいという意欲を育むことが重要だと考えている。

読み聞かせで楽しくトーク　47

グループストーリークリエーションで対話する

青森県・八戸市立桔梗野小学校　大江雅之

1 対話をせざるを得ない状況を設定する

　対話のスキルを高めるための前提として、対話の機会を積むことが大切になります。学習者が、「やりたくない」「めんどうくさい」と、対話の機会を消極的にとらえている場合、その効果があまり望めないことは想像ができると思います。

　しかし、実際には、学習者はあまりやりたくないのに、指導者側の都合で対話の機会を押し付けている場合が多いのが現実なのではないでしょうか。

　学習者がグループ対話の機会を積極的にとらえる一例を紹介します。テーマは、「対話をせざるを得ない状況を設定する」です。

2 実践例

　「グループストーリークリエーション」と名付けました。グループで個々が持ち寄ったキャラクターを登場させ、対話をしながら物語を創作していくという内容です。

(1) キャラクターを設定する

　物語の登場人物となる、一人ひとりのキャラクターを考えさせます。キャラクターの概観とネーミングが必要です。学習者は、既存のキャラクターに寄りがちになり、模倣しようとします。そこで、約束として完全オリジナルのキャラクターを設定することを告げます。

　早速取り掛かる子、なかなか書き出せない子など様々です。キャラクターの書き出しに困っている子には、早く取り掛かっている子のキャラクターを見せて、イメージをもたせるといいでしょう。

(2) 性格や特徴を設定する

　登場人物を設定することができたら、次は性格や特徴を設定します。創作していく物語上でどのような行動や言動をとるのかは、この性格や特徴の設定が鍵を握ります。キャラクターの下に用紙を追加し、性格や特徴を言葉で表すようにします。

　自分自身の分身をつくることになるため、学習者は真剣に取り組みます。活動を進めていくうちにつれて、キャラクターに感情移入し、能動的な学習態度が生まれてきます。

（3） 物語のプロットをつくる

　グループのメンバーがそれぞれキャラクター設定を終えたら、いよいよ物語の創作の段階になります。ここで、他者との対話が十分に行われるようにします。

　創作段階での留意点は二つあります。

㋐　ハッピーエンドの物語をつくる

　ハッピーエンドで縛らないと、好き勝手に破滅型の物語をつくる可能性があります。せっかくのキャラクターの命を失う内容が表れるかもしれません。学級の実態に関わってくると思いますが、ハッピーエンド縛りを約束として伝える方が無難です。

㋑　書く役割を交替して、グループ全員が書くようにする

　書く役割を交替しないと、グループのリーダーだけが書いたり、機転の利く子だけが書き進めたりする可能性が考えられます。役割を交代することによって、バランスよく一人ひとりに対話の機会が生まれます。

　以上の二点を指導し、物語のプロットを作成します。プロットのない物語制作は、いきあたりばったりの思い付きを紡いだものになりかねません。簡単でいいので、起承転結を意識した構成を書かせましょう。

（4） 物語を創作する

　プロットが完成したら、いよいよ物語の本文の創作です。対話を十分に行わせ、キャラクターを活躍させて、グループの作品に愛着をもたせたいものです。

　約束として、それぞれのキャラクターの「会話文」を入れるようにします。この「会話文」を入れることによって、発表段階での個々の役割が発生し、グループの一人ひとりが参加できる共有作品になります。また、性格や特徴の設定が生きてきます。

　物語が完成した後に、タイトルをつけるようにします。メンバー全員が納得するタイトルへ向かう対話は、貴重な機会となります。

（5） 物語を発表する

　物語が完成したら発表会を行います。地の文の割り振りを行い、自分のキャラクターの会話文は自分が担当するようにします。発表の後は、感想や工夫点を伝え合うようにします。

　「グループストーリークリエーション」を通してグループ対話の経験を積むため、グループの構成員として、対話をせざるを得ない状況を設定しました。しかし、「せざるを得ない」という消極的な表現を使いつつも、活動内容において消極的な要素はないことが伝わったと思います。

　能動的に対話に参加することが、対話スキルの一番の上達法なのではないでしょうか。

接続語で授業を創る

筑筑波大学附属小学校　白坂洋一

1 「対話」は形骸化していないか

「○○について、話し合いましょう。」
授業中によく見られる一場面である。

最近は子どもたちが見通しをもって学習に取り組むことができるように、1時間の流れがあらかじめ示されることが多い。

先生の指示の後、ペアやグループでの話合いが始まる。すると、子どもたちの話合う声で教室はパッとにぎやかになり、活発な話合いが進んでいるかのように見える。各活動の話合いは、教師の手持ちのタイマーによって計られる。そして、タイマーによって時間が知らされると、たとえ、話合いの途中であっても、次の活動へ移ることを余儀なくされる。

> 「対話」という名のもと、活動は形骸化していないだろうか。

2 なぜ話し合うのか、その目的と子どもの「声」

ペアやグループでの話合いは、国語科だけでなく他教科も含め、多くの授業で取り入れられている。ただ話合いをすればいいのではない。ペアやグループでなぜ話し合うのかを、教師の側が意識して、使い分けていかなければならない。

では、どんな目的があるのだろう。以下のように四つにまとめることができる。

> ①授業への参加度を上げる
> ②表現への自信・欲求を高める
> ③自分の理解や考えを確かめる
> ④自分の考えを深め、広げる

学級全体で意見を交流する一斉学習では、一人ずつの発言頻度と時間は限られてくる。ペアやグループで話し合うことで、まずは授業への参加度を上げる、補うという目的がある。

また、少人数だからこそ、表現することへの心理的なハードルが低くなる。自分の考えを表現しやすくなるため、活動を取り入れることで、自信をつけ、発言への意欲も高まる。

身近に聞き手がいることの効果も大きい。友達に自分の考えを話すことによって、自分がどのように考えているか、どこまで理解しているかを整理し、確かめることができる。

さらには、友達の意見を聞くことによって、自分の考えと比較することができる。比較することによって、共通点や相違点に気付き、自分の考えを深め、広げることができる。

先に挙げたように話し合う時間をタイマーで計りながら活動することも多い。し

かし、これは教師側の都合である。

　私は、子どもたちの「声」で決めている。「声」には、様々な情報が含まれる。例えば、子どもたちは意見の交流や確認が終わると、自然と声のトーンが下がる。下がり始めた頃合いで、教師は自然と全体での話合いに入れるように、話し合いの様子をモニタリングする。時間は1つの目安である。子どもたちの話したい欲求の変化を敏感に察知して、切り替えたい。

3　接続語で授業を創る

　教師は、子どもたちと関わりながら、授業を創っている。教師の言葉によって、子どもたちの反応も変わる。

　教師や子どもたちが互いに関わる言葉に着目すると、次のような接続語や問い返しの言葉が思考活動に役立っていることが分かる。

○「でも」：逆の立場をあげ、考えをゆさぶる
○「だったら」：同じ立場で、活動の流れに従って、その先へと考えを進める
○「例えば」：自分なりの分かり方を具体例に置き換えて話す
○「つまり」：自分なりの分かり方を抽象的な言葉に置き換えて話す

○「じゃあ」：活動の流れや考えを立ち止まらせる
○「どうして？」：理由を問う
○「どこで？」：根拠を問う
○「本当に？」：見方・考え方を変え、再考させる

　教師の役割の一つに「子どもたち同士をつなぐ」が挙げられる。その際、授業で「例えば？」と問い返すことで、子どもたちなりの分かり方が表現される。「でも、って人いる？」と問い返すと、異なる立場からの意見が表現される。「だったら」は中心発問と重ねて使うことが効果的である。活動の流れにのりながら、その先へと考えを進めることができるからである。授業での一場面を以下に取り上げる。

C1：私は「泣きそうになりながら思う」から「ふっとほほえむ」とこの間で大きく変わったから太一の中で「一人前の漁師」の意味が変わったと思う。
C2：結末に「太一は村一番の漁師であり続けた」とあるから、村一番の漁師にはなれたけれど、本当の一人前の漁師にはなれなかったと思う。
　T：だったら、村一番の漁師と本当の一人前の漁師は違うのですか？

　「どこでそう考えたの？」という問い返しも効果的である。子どもたちに「どこ？」を問い返すと、根拠を求め本文に立ち戻る。

　教師の言葉によって、子どもたちの反応は変わる。子どもたちの学びの場を創り出す教師の役割は大きい。

対話を生み出すアイデア

筑波大学附属小学校　青木伸生

1　まずは活動としての対話の経験を

(1) 1年生の対話活動

　1年生の学習から、対話を活動として経験させることが大切です。

　まずは、隣の人との答え合わせから始めるといいでしょう。例えば次のように。

> 「す」から始める言葉をたくさんノートに書きますよ。時間は2分。はい、始め。

　2分後に、いくつ書けたかを、隣の人と確かめ合います。まずは自分が書いた数を自分で数えます。次に、隣の人とくらべてみます。二人合わせていくつ、と発表させて、クラスのチャンピオンを決めてもいいでしょう。また、「二人が同じ言葉を書いているものがいくつあったかな」と投げかけて、二人で探して数えてみるのもいいでしょう。二人組で、お互いが情報を交換する場を適宜入れていくことで、関わりをつくっていきます。

　関わりをつくる場としては、教科書の文章を交互に音読していく、などの活動も有効です。

　二人組の活動に慣れてきたら、今度は、一つの話題について相談する時間をつくっていきます。例えば、1年生の説明文の学習の中で、次のような投げかけをします。

> どこからどこまでが「きつつき」の話かな。隣の人と確かめましょう。

　これは、説明文の意味段落をとらえることにつながりますが、子どもの中には、文中に「きつつき」という言葉が出ていないと「きつつき」の話ではないのではないかと考える人もいます。だから、隣の人と確かめる必要があります。これは、別の学習材、例えば「だれが、たべたのでしょう」などでも同じです。

　また、詩などを読んで、同じところを見つけたら赤い線を引く、似ているけれどちょっと違うところを見つけたら青い線を引く、という活動を個々に行い、それを隣同士ですり合わせるという活動も有効です。その時に、次のように指示しておきます。

> 自分と違うところに線を引いていたり、色が違っていたりしたら、「どうして」って聞いてみてね。

　「どうして」と聞かれたら、相手は「だってね」と話し始めるでしょう。このやりとりが、対話を生み出すはじめの一歩です。

(2) 対話活動が進んだら

　対話活動の経験がある程度積み重なったり、学年が上の子どもを相手に対話活動の指示を出したりするときには、次のように言葉を使い分けるようにしています。

> A　・隣の人と確かめてください。
> 　　・隣の人と情報交換してください。
> B　・隣の人と相談してください。

Aは、お互いが自分の考えや答えをもっているときに、それを確認するための指示です。Bは、お互いが答えを明確にもち合わせていない、あるいは、どちらかの子どもが、自分の考えに自信をもてていない、などのときに相談させるための指示です。二人とも分かっていない場合も同様の指示になります。対話活動は、子どもの状況に応じて、臨機応変に組み込むし、そのときの言葉のかけ方も、子どもの様子で変化するということです。

2 活動を「対話」にするために

(1) 数えてみよう

二人で相談するのは、対話活動です。子どもたちは、お互いに共通点や相違点を感じながら話し合っているのでしょうが、表向き子どもの頭の中は見ることができません。

基本的に、子ども一人ひとりの考えに、ズレが生じると、対話が始まります。次のような投げかけは、その一つの例です。

> 「ごんぎつね」の登場人物は何人ですか。

たったこれだけの指示ですが、教室がざわざわし始めます。数えた人数を聞くと、見事にばらばらです。そのまま少しの時間放っておくと、子どもたちの間で、ざわざわ話し始めます。

子どもたちは、お互いの数や考えが食い違っているので、「自分はこう数えたんだけど」「こう考えたんだよ」と話を始めます。お互いの食い違いやズレが、対話を生み出したのです。

「数える」活動は、結果がはっきりと数字になって表れるので、ほかの人との違いが明確です。他者と食い違うことが、「確かめたい」「本当の答えを知りたい」という気持ちにつながって、子どもたちの頭が活発に動き始めます。そして、「ほかの人はどうしてその数になったのだろう」と、対話してみたくなるのです。

このように、「数える」活動は、「対話」を促す有効は働きかけの一つということが出来ます。

(2) 選んでみよう

また、「ごんぎつね」を読んで、次のような問いかけをすることもできます。

> 「ごんぎつね」の一番初めに登場する人物に○を付けてください。

これも、子どもの答えは、ばらばらになります。「わたし」「茂平というおじいさん」「中山様というお殿様」「ごんぎつね」などに○がつきます。

このほかにも、「一番」を選ぶ、という活動は、子ども一人ひとりの解釈に違いが生まれるので、「対話」につながります。

> 「一つの花」の中心人物を選ぼう。

作品の中で一番大きく変わる人物が「中心人物」です。「一つの花」では、その人物が特定しにくいために、子どもによって解釈の違いが生まれます。そこで、「隣の人と確かめ合おう」という意識になり、「対話」が始まります。

3 まとめ

「対話」には、活動する子どもの目的意識、課題意識が大切です。「したい」と思って行う「対話」こそ本物の「対話」です。

対話するための土台づくり

筑波大学附属小学校　弥延浩史

1　対話するということ

「学級で何かのテーマをもとに対話させようとしても、それがなかなかうまくいかない」という声を聞くことがあります。対話について、まだ若手教員だったころ、次のようなことを教わりました。

> ○いつでも（時間との関係）
> ○どこでも（空間との関係）
> ○だれとでも（仲間との関係）

この三つをクリアしていくことが大切なのだと話してくれた先輩教員がいたのです。そこには、「時間」・「空間」・「仲間」の三点が大きく影響すると考えます。これらが、対話がうまくいくための土台を築きあげると言っても過言ではないでしょう。

国語の授業だけではなく、帯の活動などを使っていくことで対話力を育てることはできます。しかし、その土台となる部分を築くには、やはり普段の学級経営と両輪で考えていく必要があるでしょう。

2　対話の実践例

(1)　聞き上手を育てる合言葉

対話力を育てていくためには、聞く力の向上が欠かせません。中・高学年では、「聞く」は耳に自然と入ってきているという状態。「聴く」は字のごとく「心」をもって聴くということ。「訊く」は相手に訊ねるということ。つまり、「聞く」ではなく、「聴く」と「訊く」ができるようになろうという話をします。

低学年に話したり教室に掲示したりする際には、もう少し簡単に「うめらいす」という合言葉で教えています。

> う…うなずく（相づちをうつ）
> め…めせん（目線を相手に向ける）
> ら…らすとまで（終わりまで聴く）
> い…いいしせい（心を向けて）
> す…すまいる（すてきな表情で）

いつでも、この聞き方ができるようにしていくには、普段から対話するという時間設定をする必要があります。

(2)　楽しみながら「話す・聞く」

対話は双方向のやりとりになりますが、まずは、「しっかりと話したり聞いたりすることができる」というのが大切になります。

4月の学級開きで、まだクラスの雰囲気が固いときや、席替えをして新しい班になったときなどは、アイスブレイク的な活動を取り入れることも重要です。学級の雰囲気は、授業（学び）の雰囲気に直結するからです。

アイスブレイクの中で、話したり聞いたりする要素を取り入れたものがあるので、紹介します。

【アイスブレイク！グループ自己紹介】

> ①四人で一組をつくり、机をくっつける。
> ②テーマにしたがって話す。

③全員の話が上手に一周したら「〇班万歳！」と言って拍手する。

たったこれだけです。ですが、②のところが大きなポイントになります。なぜかというと、前に話した子の言葉を受けて話すということになるからです。

例えば、テーマが「好きな果物」だとします。一人目を決めて、その子が話します。

「ぼくは、りんごが好きな筑波太郎です」。

次の子は、「わたしは、りんごが好きな筑波太郎くんの隣の、スイカが好きな藤崎花子です」と、前の子の言葉を受け、さらに自分の好きな果物も加えて自己紹介をするのです。つまり、三人目、四人目となると自分が聞くことも伝えることも長くなり、難しくなります。

言い間違えたり、10秒くらいたっても思い出せなかったりした場合は失敗となります。失敗したら最初からやり直しで、四人が連続で成功するまでやります。このとき、失敗したところからスタートとしてあげると負担が少なくなります。

互いのことを知るというのはもちろんのこと、相手の話を聞くことも次第に上手くなってくるという効果が、グループ自己紹介にはあります。

【基礎力アップ！朝のペアトーク】

これは、朝のペアトークを行っているところです。日直スピーチなどを行っている学級は、それと交互に行うという方法で、マンネリ化を防ぐことにもつながります。

まずは、ペアトークのテーマを示します。テーマとして向いているのは「自己開示しやすいもの」です。例えば、「最近、自分がはまっているもの」や「好きな〇〇」「苦手な〇〇」のようなものは、比較的自己開示がしやすいと言えます。先述した、「仲間との関係」を築くのにも効果的です。

ここで、ただ話をさせることよりも効果を上げるため、次のようなことを示します。

①「うめらいす」で行う
②言葉のキャッチボール（やりとり）
③沈黙の時間をつくらない

①は先述したので、②と③についてです。②は、AさんとBさんで話をするときに、Aさんの話がすべて終わってから話をするのではなく、「基本的には交互に話をする」ということです。

③は、決められた時間は話し続けるということです。「もし話が終わってしまったら、最初からもういちど同じ話をしてもよい」というようにしています。

こうすることで、対話が双方向のもので

対話するための土台づくり 55

あるという意識や、対話を続けるための方法を考える契機をつくります。この活動を行うことで、対話する姿は目に見えて変わってきます。その変わってきた姿が、授業の場においても見えるようにしていくこと。それが次のステップになります。

【振り返り】

実は、この二つの活動はこれで終わりではありません。両方に共通して行っていることがあります。それは、一言で言うと「振り返り」です。

私は次のように聞いています。

【対話内容を問う】
「となりの子は、何をあなたに話しましたか」
「グループで、紹介し合った好きな〇〇を教えてください」
【自分事にする】
「友達の話を聞いてあなたが思ったことは何ですか」

このように、振り返りをさせることで、対話するときの相手意識が強くなります。つまり、あとで答えるために聞く必要が出てくるのです。対話の土台づくりでは、「話しっぱなしで終わること」は禁物です。最初は活動に慣れるために振り返りをしなくてもよいですが、なるべく早い段階で、「今日からは対話したことを伝えてもらいます」というようにしていきましょう。そうすることで、話す力も聞く力も両方とも向上させていきます。

3 身に付けた力を授業に生かす

ここまで、対話するための土台づくりについて述べてきました。しかし、これで終わってしまっては、土台づくりをした意味がありません。これらの活動は、あくまで対話するための土台をつくることに過ぎません。つまり、対話する場面を大切にしていく必要があります。

授業の場面においては、子どもたちに「対話する必要感」をもたせる工夫が必要です。ただ、「今日は〇場面の人物の気持ちについて話し合ってみましょう」というだけでは、対話する必要感は生まれません。それを話し合ったとしても、対話することのよさを感じることは難しいでしょう。

よって、特に、次の点を意識しておこなってみてはどうでしょうか。

〇何について対話させるか（内容）
〇どのように対話させるか（方法）
〇対話したことを
どのように生かすか（展開）

常にこの点を意識することで、授業の中に対話を取り入れた効果も表れてくるのだと考えます。紙幅の関係で詳しく書くことはできませんが、互いの考えにズレが生まれたとき、対話する必要感も生まれると考えます。

例えば、川とノリオの学習で、「作品の中に出てくる色彩語で、最も大切だと思う色はどれですか」と問えば、それぞれの思考にズレが生まれ、対話する必要感も生まれるというわけです。

何について対話するかという「対話の観点」を示すことや、「対話を振り返る」ということも、対話することのよさを実感し、対話を効果的なものにするためには重要なポイントであると言えるでしょう。

Ⅲ章
実践編

ろくべえまってろよ（学校図書）

単元名 やくわりをきめてよもう

学習院初等科　梅田芳樹

◇対話成立の条件

対話成立のための条件

　今回の学習指導要領で、「主体的・対話的で深い学び」がクローズアップされた。解説の総説を読み、私なりに**「主体的・対話的で深い学び」**をまとめると、以下のようになる。

　　未来を担う一人一人の子供たちが、予測困難で複雑な状況変化の中で、持続可能で価値ある未来社会を切り拓くために、互いの多様性を生かして協働し、「見方・考え方」を自在に働かせながら課題を見つけ、解決する力を付けていく学び

　そして、以上のような「主体的・対話的で深い学び」から、私がイメージする**「対話的」**な姿とは、次のようなものである。

　　持続可能で価値ある未来社会を切り拓くために、子供たちが自ら互いに多様性を生かして協働し、「見方・考え方」を自在に働かせて、課題を見つけ解決する姿

　特に、「対話的」な姿の中心は、**多様性を生かして協働する姿**だと考える。この姿に向かう初めの一歩が、本書で示す「対話」であると、私は考える。
　以下に**対話成立の条件**を述べる。

① 対話の場にいる者同士の信頼関係や対話への安心感があること
② テーマが焦点化されていること
③ 子どもたちの多くが、テーマについて問題意識をもち、対話の必要性を感じていること
④ 子どもたち一人ひとりが、テーマについて意見と根拠と理由付けをもって、相手に伝えていること
⑤ 子どもたち一人ひとりが、相手の話の意見と根拠と理由付けを理解し、受け入れ、それに対して自分の考えをもち、その考えを相手に伝えていること
⑥ 自分の意見と根拠と理由付けに対する相手の考えを理解し、受け入れ、それに対して自分の考えをもち、その考えを相手に伝えていること
⑦ ④〜⑥を、対話の最小単位（1セット）としてとらえていること

1 そもそも対話とは何か

1 対話とは何か

「対話成立の条件」として、「主体的・対話的で深い学び」の成立という視点で述べたが、ここでは、純粋に「対話」について述べる。

○対話とは何か

> あるテーマについて、他者と一緒に何かを行うときに行うもの
> 1対1で、言葉を介して行うもの
> ・互いが感じていることや思いや考えを理解し合う行為
> ・課題を見つけて解決しようとする行為
> ・よりよいものや環境や関係をつくりだす行為

○対話の働き

> ・自分の思考や行動を振り返らせる働き
>   →相手の言葉に刺激を受けて、今までの自分の思考や行動について考えさせられる。
> ・他者と行動を共にする働き
>   →あるテーマに向かうときに、対話する同士が共同して行動することが促進される。
> ・新しいことを生み出す働き
>   →互いの考えや行動様式に刺激を与え合いながら行動することを通して、協働するうえで新たな考えや行動様式が生まれ、新しいことが生み出される。

2 小学生に求めたい対話の姿
○1年生に求めたい対話の姿

> 相手に向かって話せること
> 相手の話が聞けること

　対話をする上で、学級内において、同調性や親和性などをもつことが必要である。関係性を育むことが必要である。
　→自分の言葉が学級内で他者に受け入れられているという実感をもつ体験をさせたい。

> 話題が分かること
> 話題に沿って相手に自分の考えや思いを話せること
> ・事実をいろいろな観点からとらえる力
> ・原因と結果の関係をとらえる力
> ・くらべる力
> 相手が自分の話したことを理解しているかどうか分かること
> 相手の話している内容が分かること
> 相手の思いや考えと自分の考えや思いをくらべて、同じところと違うところが分かること
> 相手の話している内容に対して、思ったことや考えたことを話せること

○上級学年で求めたい対話の姿

> 課題をみんなで追究すること
> 根拠となるものをとらえて考察して、理由付けして、意見を言えること
> 様々な意見を、根拠や理由によって分類できること
> 根拠と理由付けを区別すること
> 一般化したり、類推したり、予想したりする力

2 物語の授業における対話

1 物語の授業における対話
○物語の授業における対話

　授業において求められている対話は、はじめに「対話成立の条件」で述べた「主体的・対話的で深い学び」という「対話」である。

　物語の授業には、物語を読むことを通して読むことの学力をつけるというテーマがある。つまり、物語の授業における対話は、究極的には、物語を読むことを通して読むことの学力を付けることに向かうものである。

　実際の授業では、物語を読むことを通して、物語を読むことに必要な学力をつけていく。

　このように考えたとき、物語の授業における対話とは次のような条件があると考える。

> 物語の読解に向かう
> 物語を読解する力を付けることに向かう

○物語を読むことの授業における対話の対象とは何か

> テクスト（作者）
> 他者（クラスメイト・教師）
> 自己（自己内対話）
>   →概念的なものになっている、過去の体験や経験からの自分の考えと、新しく生まれた自分の考えとの対話

2　1年生の物語を読む授業で、求められる対話とは何か

○対話による効果

　クラスメイトと一緒に物語を読むことで（そもそも読書は個人的な行為だが）、他者の読みにふれ、読むときの目の付け所が増える。このことが、読むことの力が付く対話による効果である。

○1年生で付けたい物語を読む力

・思考力・判断力・表現力

> ・場面の様子や登場人物の行動など、内容の大体をとらえること
> ・場面の様子に着目して、登場人物の行動を具体的に想像すること

・知識及び技能

　1年生では、次のような用語を教えることによって、それらを知識及び技能として活用しながら物語を読むことによって、思考力・判断力・表現力がつくと考える。

> ・題名（作者の最大のメッセージや思いや考えが集約されており、読みの課題・ヒントにできる）
> ・登場人物（作品の場面に登場する人物。自分の意思で行動する人物）
> ・中心人物（物語の冒頭と結末で考えや心情、行動が大きく変わる人物。語り手が作品の中で大きく寄り添っている人物）
> ・対人物（中心人物に対して重要な役割や特別な人間関係をもつ人物）
> ・設定（その作品の時、場所、人物のこと）
> ・場面（出来事が起きている場面の様子。場面を区切る時、時間の推移、場所の移動、行動の展開、心情の変化が目安になる）
> ・出来事（いくつかの出来事がつながって物語になる）
> ・繰り返し（表記の繰り返しと構成の繰り返し）
> ・動きを表す言葉（登場人物の心情が分かる）
> ・会話文（会話文から、登場人物の心情や考えが直接読み取れる）
> ・原因と結果

ろくべえまってろよ（学校図書）

- 変容（場面の様子の移り変わりとともに変わる人物の心情の変化のこと）
- 物語の最初と最後をくらべること
- 一文で表現する

（物語は、中心人物の変容が描かれている。中心人物が、どんな出来事によって、どのように変容するかを押さえ、「〜が〜によって、〜する話」という一文で変容を表現することによって、物語の基本構成が分かる）

3 「ろくべえまってろよ」の授業づくり

1 「ろくべえまってろよ」の教材分析
○構成

第１場面　一年生が、穴に落ちたろくべえを見つける。応援することしかできず、困り果てる。　はじめ

第２場面　母親に助けを求めるが相手にされない。ガスのことを聞き心配になる。　中１

第３場面　ろくべえを元気付けるため、歌ったりシャボン玉をふいたりするが、ろくべえが動かなくなりもっと心配になる。　中２

第４場面　男の人に断られ、他人は当てにできないと覚悟して、自分たちで考えて助ける方法を見つけ出す。　中３

第５場面　一年生たちだけでろくべえを助け出す。　おわり

○一文で表現する

　はじめは、大人を頼っていた一年生たちが、大人を頼ることができないと覚悟して、自分たちで必死に考えることによって、穴に落ちたろくべえを助け出す話。

○読むことにおいて身に付けさせたい知識及び技能

- 題名→「ろくべえまってろよ」は、中心人物の心情を表し、主題に関わる。
- 場面→場面が変わる直前に、一年生たちの心情を表す言葉が、二度繰り返されている。
- 中心人物→はじめは大人を頼っていたが、自分たちだけで助けようと覚悟を決めた一年生たちが中心人物である。また、語り手は常に一年生に寄り添っている。
- 変容→自分たちしかろくべえを助けることができないという覚悟を決めたときの描写を読み取ることが大事である。
- 一文で表現する→上記参照。

○指導過程（思考力・判断力・表現力を育む）

> 問い１「題名は、だれの気もちを表していますか」
> 問い２「中心人物はだれですか」
> 問い３「一年生たちは、ろくべえのために何をしましたか」→場面をとらえる。
> 問い４「ろくべえを助けるために、一年生たちがいちばん大きく変わったことは何でしょうか」→変容を捉える（意見をもつ）。
> 　※問い３と問い４の間で、場面ごとに細部を読む。
> 問い５「どんなことがあって、変わったのですか」→変容の根拠をとらえる。
> 問い６「なぜ、変わったのですか」→変容の根拠とした理由付けをする。
> 問い７「一文でこのお話を書いてみましょう」

　指導過程において、題名の「ろくべえまってろよ」に焦点化して、対話の授業をつくることを提案したい。
　問い１は、そのまま使って、その答えから中心人物をとらえることができる。
　そして、問い３を「『ろくべえまってろよ』は、いつ言ったと思いますか」という問いに換える。この問いに対する子どもたちのズレをもとにして、場面分けをして詳細を読んで、答えを見つけようという課題をつくる。
　場面ごとに詳細を読み、問い４から問い６によって、中心人物の大きな変容をとらえ、第５場面のはじめ、各自が家に戻って準備する際に発したものとしてとらえさせたい。

○「ろくべえまってろよ」の授業で仕掛けたい対話

> 意見を導く発問→このお話で一年生がいちばん大きく変わったことは何ですか。
> 意見→大人を頼っていた一年生が、自分たちしか助けられないと考えたことです。
> 　　→大人を頼っていた一年生が、自分たちの力でろくべえを助けたことです。
> 　※一年生の考えが変わったので、助けることができたということで、考えの変化に焦点化する。
> 根拠を導く発問→お話のどこからそれは分かりますか。
> 根拠→「もうだれもあてにできません」と書いています。
> 　　　「みんな、口をきゅっとむすんで、あたまがいたくなるほどかんがえました」と書いています。
> 理由付けを導く発問→それは（子どもが答えた根拠）、どうして、大きな変化と言えるのですか。
> 理由付け→このあとろくべえを助けることができたからです。
> 　　　　→大人を頼っていてはろくべえを助けることができないからです。

ろくべえまってろよ（学校図書）

はたらく　じどう車（教育出版）

単元名 のりものをしょうかいしよう

相模女子大学小学部　藤平剛士

◆対話成立の条件

1　対話成立のための「三つの理解」

対話成立のためには、次の「三つの理解」が条件であると考える。

言葉の理解
文章の内容が理解できているか。あいまいな言葉の意味を理解できているか。

問いの理解
問いが理解できているか。何について考え、意見交換をするかが理解できているか。

思考の理解
自分の考えていることを整理できているか。意見の違いをくらべることができているか。

子どもが前を向いて授業に向かっていると、教師は「分かっているな」と安心して授業を進めていく。しかし、「考えたことを話し合ってみよう」と投げかけると、子どもは、途端にうつむき、静かな対話の時間が訪れることがある。この「三つの理解」は、授業における落とし穴でもあろう。まず、文章の理解がなくては、対話は成立しない。次に、授業で何を話題にしているかがあいまいでは、考えることができない。そして、考えたことを人に伝えられるまで整理（理解）ができなければ、意見交換をしながら比較していくことは難しい。「三つの理解」は、対話でつくる授業の条件の「原則」であると考えている。

2　対話でつくる国語授業で大切にしていること

「対話でつくる国語授業」において、学びながら子どもが思わず発する声は大切にしたい。子どもの声が響き合う授業こそ、主体的に言葉の学びを深めていくことになると思う。

そして、子どもの声を響かせるために、日ごろから授業では、①聞く（「音」としてキク）、②訊く（「尋ねる」意味でのキク）、③聴く（「積極的な姿勢」でキク）ことも大切にしている。

「対話のある授業」あいうえお

あ：「あっ」　子どもが気が付いたときの声が聞こえる授業
い：「いいね」　子どもが共感した声が聞こえる授業
う：「うーん」　子どもが夢中になって考えようとする授業
え：「えーと」　子どもが考えたことを伝え合える授業
お：「おー」　子どもが納得して、理解を深めていく授業

〇 対話でつくる国語の授業実践

1 「三つの理解」の視点で教材「はたらくじどう車」を分析をする

本教材の特性を、対話成立の条件である「三つの理解」と合わせると下記のようになる。

三つの理解	教材「はたらく車」の特性
言葉の理解	○一つひとつの言葉の意味を理解することで、役割やつくりが分かりやすく説明されていることが分かる。 ○「役割」と「つくり」を関連付けて説明している。「ですから」を使って「役割」と「つくり」の関係を明確にしている。 ○読みを助ける効果的な挿絵を用いて、意味を確かめながら読める。
問いの理解	○「バス」「コンクリートミキサー車」「ショベルカー」「ポンプ車」の四種類の事例が、同じ構成の説明で繰り返されることで、特徴を明確に比べられるようにしている。 ○つなぎ言葉から、「役割」と「つくり」の言葉の定義が分かる。
思考の理解	○「役割」と「つくり」の関係が分かる。 ○「いろいろなじどう車」という広い言葉（抽象）と四つの車というせまい言葉（具体）の関係をつかませたい。

　子どもにとって身近な「じどう車」は、興味を抱きやすい題材である。しかし、「はたらくじどう車」となると、「知ってるけど、近くで見たことはない」というように、近そうで遠い題材でもある。そんな「はたらくじどう車」の「役割」と「つくり」が挿絵を用いて、四種類が同じ文章構成で、繰り返し、詳しく説明されている説明文である。挿絵からも読み取りながら、一つひとつの言葉の意味を正しく理解すること、そして、文章の意味を正しく理解することは、対話が成立する第一条件となる。

　また、このタイプの説明文は、あながち、「あっ、知ってる。車の図鑑、持ってる」と一部の児童の声にひっぱられて授業が進みがちである。あくまでも、本文にある言葉の意味を正しく理解することを大切にした授業をすすめるようにしたい。

　次に、「役割」と「つくり」は、一年生の子どもにとっては、区別しにくいものである。それは、どちらも「じどう車」の説明だからである。子どもが、授業における問いの解決を通して、それぞれの言葉の定義や概念が理解していけるような対話を促したい。そこで、子ども自身が、この文章は何を説明しているのか？　を明確にしながら読めるように、本文の言葉や文をグループ分けする活動を取り入れながら、整理して読み進めるようにしたい。

　そして、「役割」と「つくり」の因果関係を理解することで、自分が興味のあるのりものの紹介に生かせるような発展学習を目指したい。図書室の本の一冊になる「しかけ絵本図鑑」作りを通して、子どもたちが、意欲的に学習活動に挑めるような授業展開を行いたい。

　合わせて、説明文の授業で大切にしたいのは、新しい発見と出会うことのわくわく感で

ある。紹介させるための文章構成にばかり指導がいってしまっては、子どもにとって楽しい学びとはならないので、注意したい。

2 他教科書教材との内容比較で「指導のめあて」をもつ

1年生の国語（下）には、題材の似ている説明文が掲載されている。教材分析の際に、これらを比較することで、あらためて、授業で扱う教材の特性を見出すこともできる。

	教育出版 はたらく じどう車	光村図書 じどう車 くらべ	東京書籍 いろいろな ふね	学校図書 くらしを まもる車
事例	①バス ②コンクリート 　ミキサー車 ③ショベルカー ④ポンプ車	①バスや乗用車 ②トラック ③クレーン車	①客船 ②フェリーボート ③漁船 ④消防艇	①救急車 ②消防自動車 ③ゴミ収集車
特徴	「役割」 「つくり」	「仕事」 「つくり」	「やくめ」 「つくり」 「できること」	「はたらき」 「くふう」
つなぐことば	〜ですから、〜	〜そのために、〜	〜この ふねは、〜	〜その ために、〜
まとめ	役割に合わせたつくりがされている。	自動車比べをすることで、違いがわかる。	役目にあった作られ方がされている。	暮らしを守っている車がある。
てびき	役割とつくりに気をつけて読もう。 のりものを紹介しよう。	くらべて読もう。	書いてあることを正しく読む。 のりもののことを調べよう。	「問いの文」と「こたえの文」をみつけて、じどう車くらべをしよう。

まず、四社を比較すると、どの説明文も、「のりもの」を題材にしている。また、それぞれの乗り物を、同じ文章構成の繰り返しで、説明している。つまり、**同じ構成の説明で繰り返されることで、特徴を明確にくらべられる**ようにしているということが分かる。そこから、「役割・つくり」「仕事・つくり」「やくめ・つくり・できること」「はたらき・くふう」の違いを明確に読み取ることができるようになっている。また、つなぎ言葉「ですから」（「そのため」も同じ）は、「だから」の丁寧な言い方であり、理由から結論へつなぐ言葉である。この役割を理解することも、因果関係を捉えるためには、大切な理解である。

次に、**具体（下位語）と抽象（上位語）とを理解**することも、単元学習のねらいの一つということが分かる。

そして、説明に取り上げられている事例は、子どもにとって比較的、身近なのりものから、紹介されていることも分かる。乗ったことがあるのりものや、見たことがあるのりものから説明をはじめることで**理解のしやすさを図り、あまり知られていないのりものに興味をもたせて、認識の深まりを促している**。

3 対話を意識した「単元構成」

(1) 本教材で付けたい力
〈知識・技能〉 理由から結論へとつなぐ言葉「ですから」という言葉の役割を理解する。
　　　　　　　上位語と下位語の関係をとらえることができる。
〈思考力・判断力・表現力等〉文と文との関係をとらえることができる。
〈学びに向かう力・人間性等〉科学的読み物を因果関係に注意しながら読める。
　　　　　　　　　　　　　調べたことを、説明する順序を考えて書くことができる。

(2) 単元名　のりものをしょうかいしよう
　　　　　　―絵本図鑑「はたらくじどう車」をつくろう―

(3) 単元の概要
・「バス」「コンクリートミキサー車」「ショベルカー」「ポンプ車」、それぞれの「やくわり」と「つくり」をくらべて読むことができる。
・絵本図鑑「はたらく車」を書き、自分の興味のある「のりもの」を紹介する。

(4) 単元計画（全12時間）

	主な学習活動
第一次	仲間分けを通して、読みの目的を知る（第1～2時） ・のりものカードの仲間分けをする。 ・上位語と下位語の関係をとらえる。 ・本文の文カードの仲間分けをする。 ・車の種類と説明の文との関係をとらえる。 対話①▶自分の考えと友達の考えをくらべながら、仲間分け作業を行う。
第二次	「やくわり」と「つくり」の関係を読み、紹介のコツをつかむ（第3～7時） ・仲間分けをした文カードの順序を正しく並び替える。 ・並び替えを通して、文の役割と関係を知る。 ・つなぎ言葉「ですから」の役割を知る。 ・4種類の自動車の「役割」「つくり」を整理しながら読む。 ・好きなじどう車を選び、「役割」と「つくり」を読み取る。 対話②▶文の役割を考えながら、並び替えを行い、分かりやすい紹介のコツをつかむ。
第三次	絵本図鑑「はたらくじどう車」を書き、読み合う（第8～12時） ・絵本図鑑「はたらくじどう車」を作り、図書室に置いてもらう（相手意識をもつ）。 ・しかけ絵本の構造を知る。 　じどう車の外観には「役割」の紹介文。めくると「つくり」の紹介文。 対話③▶役割とつくりの分かりやすい文づくりを友達と読み合いながら書く。

（5）授業イメージ
対話①▶自分の考えと友達の考えをくらべながら、仲間分け作業を行う

　○のりものカードの仲間分けをしてみよう。

　子どもたちも大好きな乗り物をカードに書き出しておく。一つひとつ紹介してくと、「それ、知ってる」「乗ったことがある」「図鑑を持ってる」など、興味津々で話し出す。そこで、「のりものカードを、仲間分けしてみよう」という問いから、自動車とそれ以外ののりものという大きく二つの仲間分けを通して、上位語と下位語の関係をとらえる。また、自動車の仲間は、まだ、仲間分けができそうだという声を活かして、説明文の読みにつなげていきたい。

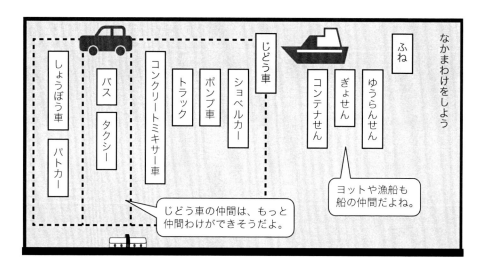

対話②▶文の役割を考えながら、並び替えを行い、分かりやすい紹介のコツをつかむ

　○文カードを、分かりやすい順に並び替えてみよう。

　一文ずつ書き出したカードを用意して、黒板に掲示する。すると、「先生、順番が違う。」と声があがる。そこで、「文カードを、分かりやすい順に並び替えてみよう」という問い

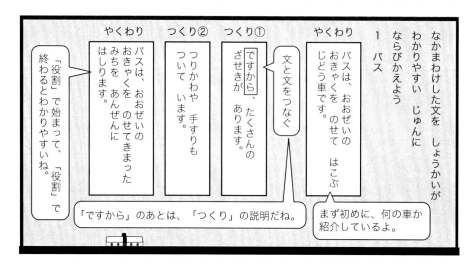

から、それぞれの文の役割とつながりを確認しながら、正しい順序に並び変え、分かりやすい紹介のための、文の順序について整理する。また、四つのじどう車の文を、一度に比較できるようにすると、文の構成に子どもたちが気付きやすい。

対話③▶役割とつくりの分かりやすい文づくりを友達と読み合いながら書く

　○図書室に置いてもらう「はたらくじどう車」の絵本図鑑を、みんなで作ろう。

　みんなで読んできた「はたらくじどう車」を、しかけ絵本図鑑（見本）にする。「図書室に置いてもらう絵本図鑑をみんなで作ってみよう」と、相手意識をもたせて取り組ませる。何のじどう車について調べて絵本にするのかを、二人一組で話し合い、決める。しかけ絵本の構造を生かして、「役割」の1ページ目と「つくり」の2ページ目の構成を考えながら、文やじどう車の絵を書く。めくるとじどう車の「つくり」が分かるしかけのおもしろさを活かした活動にしたい。

絵本図鑑「はたらくじどう車」の作品例

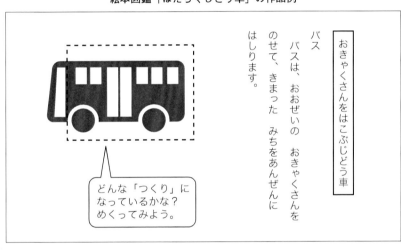

はたらく　じどう車（教育出版）

お手紙（光村図書・東京書籍・学校図書／教育出版1年）

単元名 登場人物に寄り添い、対話しながら読もう

立教小学校　安達真理子

◇対話成立の条件

上質な対話・学び合いを成立させるために……

　授業において「主体的・対話的で深い学び」を実現するため、学級内での対話・学び合い活動は必須とされ、昨今は、その質が求められている。対話の質は、何によって、どのような要素で担保されるのだろうか。以下の3点について整理したい。まずは「教材との対話」、同時に「自己との対話」、それらの対話を通して形成された考えを交流する「他者との対話」。3点が、それぞれに機能し連携してこそ、「主体的で対話的」なだけではなく上質な「深い学び」に到達することができるのだろう。

1　教材との対話…教材特性の発見・追究

　文学を読む場合、一つの虚構世界である教材を楽しんで読み味わいながら、いかに粘り強く対峙し探究しようと向き合うか、教材との対話の深さが、学びの深さの決め手となる。子どもたちが初めて教材に出合う際の対話、学級での交流の過程で改めて問い直すときの対話……。様々な場面での教材の特性との対話が、真正な学びを導き出す鍵となるだろう。授業を通して、教材のもつ特性（学ぶべき価値や存在意義）を発見し、追究することを目指さなければ、一見「主体的」のようで「対話的」な現象が現れたとしても、空虚な議論と陥りかねず、「深い学び」とは言えないからである。

2　自己との対話…登場人物への同化（及び異化）

　藤森裕治氏は、文学教育の役割は「想像力の育成」と「相手に対する共感性の涵養」にあるという。文学教材を通して様々な人物に出会い、「もし自分だったら……」と想像し、「この人物のしたことは……」と自分に引き寄せ共感する読みによって、人に対する寛容な心が養われる。このような登場人物への同化（及び異化）という「自己との対話」によって、友達の考えへの関心が生まれ、異なる考えをもつ「他者との対話」が促進される。つまり、自分事としての読みの深さが、想像力や共感性という「学びに向かう力・人間性等」に関わる資質・能力の育成につながるのである。

3　他者との対話…「根拠」「理由」「主張」を基本とした読みの交流

　一人ひとりが教材に粘り強く向き合い、自己と対話しながら読み、考えを形成すると、他者との対話・交流の意味が深まる。「他者との対話」には、「根拠」「理由」「主張」の3点セットが、交流の深さを決める鍵となる（これは、鶴田清司氏・河野順子氏の提唱による）。説明的文章でも文学的文章でも、この対話・交流を成立させる基本条件は変わらない。話し合うべき課題に沿って、読みの違いを引き出すための手立てを工夫し、根拠と理由を明らかにした交流が行われるような方法を考えたい。

1 教材との対話…「お手紙」教材特性の発見・追究

1 「お手紙」（2年）の教材特性

　「おてがみ」（原著では平仮名）は、アーノルド・ローベル作「ふたりは〜」シリーズの『ふたりはともだち』第5話。読書活動への発展を志向して、シリーズ作品全体を見渡した教材研究を行うことも意義深いだろう。「がまくん」「かえるくん」は、シリーズを通して一貫したキャラクター設定で描かれており、人物像はとてもとらえやすい。「がまくん」は、少々幼さが見える自由気ままで愉快な性格。「かえるくん」は、優しくて面倒見のいい世話好き。このふたりは、お互いを思い合いながら生活し、いつもユーモラスで穏やかな空気を醸し出してくれる。そんなふたりに寄り添うように、物語世界を楽しみたい。

　本教材は、お手紙をもらったことがない「がまくん」に想いを寄せ、「かえるくん」が自ら「親愛なるがまがえるくん」へお手紙を書き、そのお手紙を幸せな気持ちで一緒に待つ、ふたりの友情を描いた心暖まる物語である。共に悲しみ、共に喜ぶ姿を俯瞰的に描いていて、ふたりともが中心人物と読み取ることもできる。しかし、どちらかというと心情の変化が大きいのは「がまくん」（中心人物）で、「がまくん」のために物語全体にわたって能動的な行動を取るのは「かえるくん」（対象人物）である。4日間という幸せな時間を演出した「かたつむりくん」（周辺人物）の役割も大きい。

　「かなしい」「ふしあわせ」「しあわせ」などの直接的な心情表現が使われ、気持ちの変化をとらえやすい構造になっている。したがって、特性を生かすポイントは、中心人物の心情の変化と、その変化を促した対象人物の行動を評価する読み合い、読み合ったことを活用した表現活動にある。単元を通して、中心人物「がまくん」の心情の変化をもたらした対象人物「かえるくん」の行動や役割を軸として、自分事としての深い読みを促したい。

2 教材特性を生かした単元構成（全11時間）

	主な発問
第一次	①お手紙ってどういうもの？　お手紙をもらったことある？（題名からの想像） 「『お手紙』は〜だな。なぜかというと……」「話し合いたいことは？」（初発の感想） ②登場人物・中心人物は誰？（中心人物＝一番気持ちが大きく変わった人物）
第二次	③（挿絵5枚を使用して）この絵（1〜5場面）は、どんな場面？ 「がまくん」の気持ちが一番大きく変わった場面はどこ？ ④「かえるくん」の気持ちが一番大きく変わった場面はどこ？ ⑤「がまくん」「かえるくん」心の明暗スケール（1〜5場面の変化）で表そう。 ⑥（明暗スケールでの表現を活用して）解釈（読み方）の違いを比較しよう。 ⑦3場面の「かえるくん」は、どんな気持ちでお手紙を待っていたかな？ ⑧「かえるくん」はお手紙を書いたことを「がまくん」に言わないつもりだった？ ⑨「かえるくん」は「がまくん」にお手紙を書いたことを言わない方がよかった？

| 第三次 | ⑩「かえるくん」へお手紙を書こう。(「かえるくん、君がしたことは〜だよ。」)
⑪「かえるくん」へのお手紙を読み合おう。(表現物の鑑賞・相互評価) |

2 自己との対話…登場人物への同化(及び異化)

1 「自分だったら……」という読み(第①時)

　「お手紙をもらったことある？　送ったことある？」という話題で語り合い、「お手紙」単元に入る前に読みの構えをつくる。お手紙を書いて送る習慣が薄れている昨今、送ったりもらったりしたことがある児童は少ないが、「がまくん」の気持ちに寄り添い、自分事として想像するために、経験を共有しておくことは重要だろう。

　また、初発の感想は「『お手紙』って〜だな。なぜかというと……」「クラスで話し合いたいこと(考えたいこと)は……」の形で書く。すると、初読で受けた印象を端的にまとめ、登場人物の言動に対する問いが生まれる。第一次の授業が、子どもたちを、登場人物「がまくん」「かえるくん」に引き寄せ、物語世界へ誘うための重要な導入となる。

2 登場人物の心情の変化を「明暗スケール」で表現する(第⑤時)

　登場人物「がまくん」と「かえるくん」の心の明るさを、読者としてどう解釈するか、場面ごとの移り変わりをそれぞれのイメージに合う色で表現する。すると、各場面における「がまくん」の気持ちの深さや変化、それを見ている「かえるくん」の気持ちの揺れを細やかにとらえ、表現することができる。

　図1の「明暗スケール」は、左側から「明るい」気持ちの割合、右側から「暗い」気持ちの割合となっており、色鉛筆で色分けして塗る。10段階を「明るい」「暗い」で判断

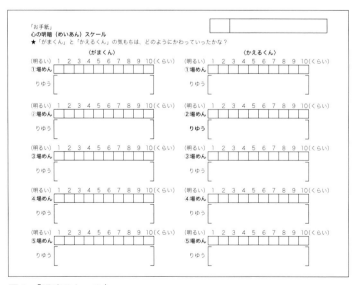

図1 「明暗スケール」

し、「理由」欄に、根拠となった言動や理由を書く。場面に沿って、登場人物を異化して読む活動として、客観的に考えられる。

3 他者との対話…「根拠」「理由」「主張（判断）」を基本とした読みの交流

1 「明暗スケール」から生まれる読みの違い（第⑥時）

スケーリングで自分の読み（主張・判断）を表し、その根拠と理由を基に解釈の違いを交流する。個々の明暗スケールを比較すると、第３場面での「かえるくん」の気持ちに明暗の数値が分かれ、解釈の違いが多く現れた。ここが対話・交流のポイントとなる。

明暗スケールの表現をもとに話し合うと、「がまくん」への愛情を表現できた喜び（A児）、お手紙が届くはずなのに来ないことへの一抹の不安（B児）、お手紙を待つ時間の長さ・つらさ（C児）、自分を信用してくれないことへの不安や不満（D児）等が見えてくる。そして全員が、「かえるくん」には、「がまくん」を３回も励ましたのに、全く信じてくれない「がまくん」への焦りや苛立ち、複雑な思いがあったことを読み取ることがで

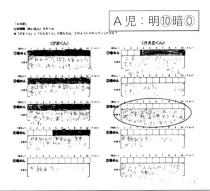

A児：がまくんに「今回は、だれかがきみにお手紙をくれるかもしれないよ。」と言っているからです。

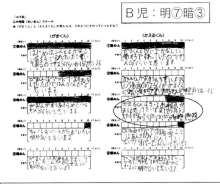

B児：かえるくんはきっとお手紙が来ると思っていたけど、まどの外を見ていたからちょっと心ぱいしているからちょっと暗いと思います。

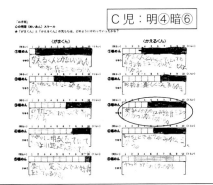

C児：がまくんのためにお手紙をまつのがつらかったから。

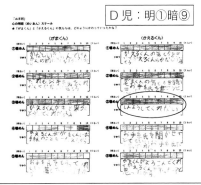

D児：(がまくんが)しんようしてくれないから。

お手紙（光村図書・東京書籍・学校図書／教育出版１年）

き、お手紙を書いたことをつい言ってしまった出来事につながる問い(第⑧⑨時)が生まれるのである。

4 登場人物への対話…物語を通して読み味わったことのまとめ(登場人物の行動への評価)

1 「かえるくん」への手紙として、登場人物の行動を評価する対話へ(第⑩・⑪時)

第3場面で、「がまくん」に必死に声をかけたが、信じてもらえなかった「かえるくん」の気持ちを受け止めた子どもたちは、「かえるくん」に対してお手紙を書きたいと考えた。

子どもたちは、「かえるくん」のしたことを様々な言葉で評価し、まるで自分の友達のように対話している。「かえるくん」の行動に敬意をもって単元を締めくくり、「お手紙」は、「かえるくん」が「がまくん」に注いだ親友としての愛情によって支えられた物語であることを確認することができた。

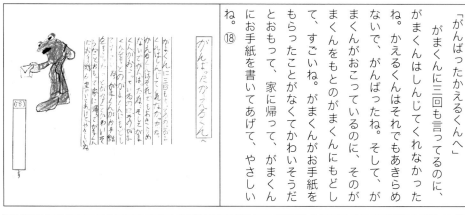

「やさしいかえるくんへ
かえるくん、三場面では、とてもがまんして、えらかったね。四場面では、やっとがまくんにしんじてもらえて、よかったね。手紙が来るまでの間、来ないかな？ってドキドキしたよね。三場面では、本当にがまんしたね。かえるくん、とってもやさしいね!!③

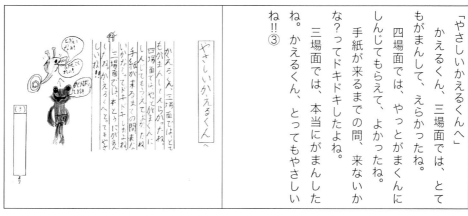

「しんしなかえるくんへ
かえるくん、きみのおかげで、「お手紙」のお話がとてもかんどうできたよ。ありがとう。読んでいて、すごく楽しかったよ。ぼくは、がまくんがすきだけど、かえるくんもすきだよ。がまくんにたいしてとてもやさしいね。ほんとうに、ぼくはかんどうしたよ。がまくんにお手紙をおくったよね。ぼくはあのお手紙の文しょう、とてもよかったよ。㊵

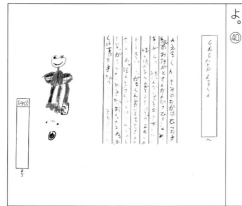

【まとめ】

　登場人物に同化したり異化したりしながら読み、友達と解釈の違いを交流する活動を通じて、より一層自分事として物語との対話を深めていった。すると、単元の終わりには、様々な対話を経て新たな見方・考え方を発見し、形成された自分の考えを表現物に表すことができたのである。それは、登場人物のよさや物語のもつ教材特性（価値・存在意義）の発見・追究・評価の証である。

　対話は様々な形をもつ。教材との対話・自己との対話によって問いが生まれ、問いによって生み出される個々の考えの違い（ずれ）によって、他者との対話が活性化する。そして、その対話・交流によって、物語への見方・考え方が変わり、登場人物への新たな対話が生まれる。ここに、物語を読み合うことの「深い学び」が実現するのである。今後も、対話の深さを求めて、子どもたちの資質・能力の向上を目指した授業を創造したい。

【参考文献】
藤森裕治（2018）『学力観を問い直す国語科の資質・能力と見方・考え方』明治図書出版
鶴田清司（2017）『論理的思考力・表現力を育てる三角ロジック―根拠・理由・主張の３点セット―』図書文化社
河野順子編（2017）『小学校国語科「批判読みとその交流」の授業づくり』明治図書出版
鶴田清司・河野順子編（2014）『論理的思考力・表現力を育てる言語活動のデザイン小学校編』明治図書出版

2年 [説明文]

おにごっこ（光村図書）

単元名 知っていることとつなげて読もう

東京都・葛飾区立梅田小学校　山本純平

◆対話成立の条件

　学習中、子どもたちが意欲的に話し合いをする姿を見るのは、嬉しい。その話合いの内容が、深い学びと結び付くものであれば、なおさらである。対話のタイミングと対話の目的が合致したとき、子どもを深い学びへといざなう対話が成立する。

1　話したいから話す

　「隣の人と、話し合いましょう」と指示を出したとき、学級全体を見渡してみる。

　全員が話合いをしているときもあれば、数組のペアしか話合いをしていないときもある。全員が話合いをしているときには、共通点がある。

　・話し合う課題が自分たちのものであったとき
　・話し合う課題が明確であったとき

　教師の押し付けではなく、自分たちが考えたい課題であったとき、子どもたちは動き出す。しかし、考えたい課題であっても、話合いの焦点がぼやけていれば、「？」マークが浮かぶばかりで、深い学びへ向かう対話を生み出すことはできない。教師は、何について話し合えばよいかを明確化しなければならない。

2　話せるから話す

　どのペアにも充実した対話の時間を確保したい。このグループで対話できてよかったという満足感を味わわせたい。

　対話をスタートさせると、教室全体が活発に動いているように見えるときがある。全体の雰囲気だけで満足してはいけない。一つのグループやペアの話し合いに、ずっと耳を傾けてみる。すると、意外と話合いができていないことが多い。意見を言える一人の子どもが、一方的に話しっぱなしということもある。お互いに一言ずつ話して、黙ったまま時間が過ぎるペアもある。声の大きなペアが２、３あるだけで、埋もれてしまうペアもある。

　これらのことは、子どもたちに対話を深める技術が足りないときに起こりがちである。「話し合えていればよい」と、教師側が子ども任せにしすぎてはいないだろうか。

　教師は、対話のやり方についても指導していく必要がある。

　以上のことを踏まえて、対話を成立させるために教師がやるべきことは、大きく二つのことが挙げられる。

　①子どもが考えたくなる、明確な課題を設定する。
　②対話が深まるような指導をする。

1 おにごっこの教材分析

はじめ

①段落

問い1　どんなあそび方があるのでしょう。（遊び方）

問い2　なぜ、そのようなあそび方をするのでしょう。（理由）

中

②段落　あそび方の一つに

（遊び方）「てつぼうよりむこうに にげてはだめ。」など、にげてはいけないところをきめるもの

（理由）おには、にげる人をつかまえやすくなります。

③段落　また

（遊び方）「じめんにかいた丸の中にいれば、つかまらない。」、「木にさわっていれば、つかまらない。」のように、にげる人だけが入れるところを作ったり、つかまらないときを きめたりするあそび方

（理由）にげる人が、かんたんにはつかまらないようになります。

④段落　ほかに

（遊び方）「おにが交代せずに、つかまった人が、みんなおになっておいかける。」というあそび方

（理由）「つかまりそうだ。」と、どきどきすることもふえて、おにごっこがもっとおもしろくなります。

⑤段落　ところが

（遊び方の短所）おにごっこがすぐにおわってしまう。

（遊び方）「おにになった人は、みんな手をつないでおいかける。」ときめるのです。

（理由）おにごっこがすぐにおわらずに、長くあそびつづけることができます。

おわり

⑥段落　このように

（おわりのまとめ）おにごっこには、さまざまなあそび方（②③④⑤）があります。

（工夫）おにになった人も（②）、にげる人も（③）、みんなが楽しめるように（④⑤）、くふうされてきたのです。

　　　あそぶところや（②）なかまのことを考えて（③④⑤）きまりを作れば、自分たちに合ったおにごっこをすることもできます。

筆者の願い　あそびおわったときに、だれもが「楽しかった。」と思えるようなおにごっこができるといいですね。

おにごっこ（光村図書）

2 授業の実際①
―対話を通して意欲的に内容を読み取り、説明の仕方にせまる―

　この教材を通して、**遊び方と、遊び方の理由が分かるような説明の仕方**になっていることに気付かせたい。しかし、まだ２年生である。「書いてあることがたくさんあって、おにごっこを読む気になれない」という子もいる。
　そこで教師は範読後、このような発問をする。

考えたくなる明確な課題
　　　　　いくつの種類の「おにごっこ」が出てきた？

　この発問の後、子どもたちは、もう１度教科書を読み返すだろう。「先生、読むからちょっと待って！」という声が聞こえるかもしれない。
　急がせても文章を読むことはできない。いくつあるかを考えることだけで、45分を終えてもいいくらいの余裕をもって、学習を進めた。

後でいくつ出てきたか、指で数を教えてもらうよ。隣の人と相談していいよ。

　上記のように指示を出す。一文が長いこともあり、いくつの「おにごっこ」があるかを探すスピードに差が出てくる。ペアで活動することで、ある程度、探す速度をそろえることができる。ペアによっては、教科書に指をさしながら自然に対話を始めているかもしれない。

ここで教師の指導
　　　　　いいね。読んだら話を始めている人がいる。
　　　先生がペアになるんだったら、こういう人の隣だと嬉しいなあ。

　対話に向かう態度をほめる。私は、すぐに対話できることも技術の一つと考えている。初めのうちは、対話をスタートできることもほめて、子どもに意識付ける。
　最初は対話していなかったのに、対話するようになったペアを見つけたら、そのペアもほめるようにしたい。「対話をしようとがんばって素晴らしい！」と価値付ける。そうすれば、積極的に対話をするペアが増えてくる。そこで教師は下記のように言葉をかける。

　　　いくつの種類の「おにごっこ」があったか、指で出してね。
　　　　　　　　　　３、２、１、どうぞ！

学級によって数が変わってくるだろう。「七つ」、「五つ」、「四つ」、「三つ」など、子どもの答えの種類はいくつでもよい。何種類出てもよい。子どもから出たものをきっかけに、次の活動へ移る。

　話し合う課題が自分たちから出てくるものであれば、最高である。しかし、毎回が上手くいくことばかりではない。

　また、深い学びへ向かう場合には、子どもが設定する課題では不十分なことも多い。教師が課題設定をする場合は、できるだけ子どもから出たものをきっかけとしたい。

考えたくなる明確な課題

　　　　結局、いくつの種類の「おにごっこ」が出てきたの？

ここで教師の指導

　　　　どの言葉を数えたの？　グループで確認しよう。

　数を数えるところまでは、意欲的に活動できるだろう。だが、その数の根拠を叙述と照らし合わせて考えることは、子どもにとってハードルが上がる。ここで対話を取り入れることで、一人で考えることが苦手な子どもを救っていく。

　状況によって、ペアで確認する場合、近くのグループで確認する場合、または同じ数のグループ同士で確認する場合も考えられる。

　「七つ」、「五つ」、「四つ」、「三つ」など、いくつも数え方が出て、さらに、それぞれのグループの人数が同程度であれば、数のグループでノートや教科書を持って集まり、話し合うとよい。

　あまり意見が分かれなければ、隣同士や近くの３、４人で話し合う。ほとんどのペアやグループが意見の交換を終えたところで、どの言葉を数えたのか、全体で確認する。

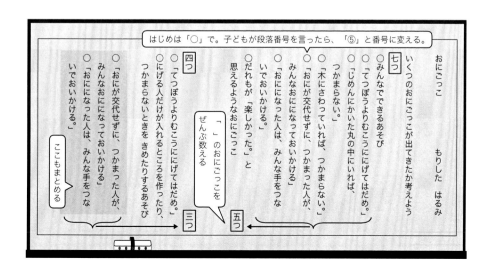

おにごっこ（光村図書）

五つを四つにまとめようとするとき、「じめんにかいた丸の中にいれば、つかまらない。」「木にさわっていれば、つかまらない」を一つにまとめようとする意見が出たら、学びを深めるチャンスである。遊び方というくくりで一つにまとめるという考え方である。「問い」と結び付けて、**遊び方と、遊び方の理由が分かるような説明の仕方**になっていることを教えたい。

　「おにごっこ」の教材文を子ども自身の生活と結び付けることは、工夫をすればできる。夏休み明けから、体育の準備運動にいろいろな種類の「おにごっこ」を導入していくとよい。難しい文章であっても、自分の体験に引き寄せて考えることで、興味・関心を持続させることができる。

　ただ、深い学びを考えるときには、それだけでは物足りなさを感じるかもしれない。そこで、国語科として「言葉の働き」や「言葉の使い方」にも目を向けさせるために、以下のことを意識させた授業展開にして、学習を進めたい。

　○遊び方と、遊び方の理由が分かるような説明の仕方をしていること
　○改善点を述べる時の書き方　ところが　→　そこで
　○このようにで、まとめていること（はじめ・中・おわり）
　○どのようなときに「」を使っているのか
　○逃げる側とおに側の二方向から説明していること

　一番上については、授業の実際①で述べた。
　中３つは、学習を進める上で、ふれる機会があると考え割愛する。
　一番下は、２年生が意識しづらいことである。そのため、授業の実際②では**逃げる側とおに側の二方向から説明していること**について述べる。

3　授業の実際②
　　　―対話を通して教科書を振り返り、二方向から
　　　　説明しているという意識をもたせる―

　導入で子どもに知っている「おにごっこ」をたくさん発表させる。それをひとつずつ短冊に書き、教室に掲示しておく。
　それぞれの段落について読解し、学びを振り返る際に聞いておく。

考えたくなる明確な課題
　　　　今日の「おにごっこ」は何おにだった？

---

　⑤段落まで読み終わったとき、教師は少々狼狽するかもしれない。
　「どうしよう。あんなに子どもに出してもらったのに、短冊がたくさん余った……。」

考えたくなる明確な課題
　　　最後の段落なのに、カードがたくさん、あまっちゃうね。捨てる？

「それは、かわいそう」、「もったいない」などいった、声が聞こえてくる。子どもたちの顔は、本気になっているはずだ。
「何かいいアイデアはないかな？　グループで話し合っていいよ。」
このように水を向ければ、活発な対話がスタートする。けれども、自分の意見を一方的に述べるだけになったり、突拍子もない意見を言い出したりする子どもも出てくるだろう。
そこで、二つのポイントから指導を入れる。

> **ここで教師の指導**
> 　　話し合った相手の意見が「いいな」と思った人は、いませんか？

必死に説明するのはよいが、自分の意見を言わせるだけでは、言っただけで終わりになることもある。一方通行なのだ。
話をした相手が説明しなければならない状況を設定することで、自分の意見をきちんと相手に伝えようと本気になるだろう。「意見を発表したい」と意欲的な子どもは、話し手の考えを懸命に聞くだろう。頭の回転の速い子どもは、ちゃっかり自分の意見とつなげて話をしようとするので面白い。
また、こうすれば、突拍子もない意見が全体に共有されることはなくなる。

> **ここで教師の指導**
> 　　最後の段落に書かれていることから、ヒントになることはありませんか？

最後の段落には、このように書かれている。（※下線部は著者）
おにごっこには、さまざまなあそび方があります。おにになった人も、にげる人も、みんなが楽しめるように、くふうされてきたのです。（中略）あそびおわったときに、だれもが「楽しかった。」と思えるような おにごっこができるといいですね。
ここから、このような子どもの発言があれば、それを取り上げる。
「ドロケイ（ケイドロ）が書かれていないと思ってたけど、実は、書かれていた。ケイ（おに）になった人が楽しめるように、牢屋の場所を工夫した。人数を増やしたりもした。ドロ（にげる）になった人が楽しめるように、助けられてからすぐに捕まえるのはなしってルールに変えた。牢屋から一歩なら出てもいいってルールにしたことがある。」
教師は、おにになった人という視点と、逃げる人という視点で分けて、児童の発言を板書する。この視点で、ほかの段落を振り返れば、**二方向から説明している**ことがより明確に意識できるようになる。
対話したくなる状況を設定する。対話が深まるような指導を入れる。対話を生かして深い学びへ向かう課題を設定する。有効な対話になるよう、試行錯誤を続けたい。

おにごっこ（光村図書）

モチモチの木（光村図書ほか）

単元名 人物の変容をとらえよう

小学校教員　藤田伸一

◆対話成立の条件

1　対話成立のための条件

「考えたい」「伝えたい」という思いをもたせることが対話の基本

（1）考えたくなる課題意識の醸造

　子どもたち一人ひとりに考えるに値する価値ある課題が意識されたとき、子どもは対話に向かって動き出す。

　課題を解決しようと、テキストに目を凝らす。「どこかに課題解決の手がかりとなる言葉があるはずだ」、「ここにあった。ということは、豆太は、もしかしたら『おくびょう』なだけではないんじゃないか」。

　テキストと対話したり課題と対話したりすることによって、学びがつくられていく。そうして自分の考えが構築されたとき、「この発見を伝えたい」、「みんなはどういう考えをもっているんだろう」と仲間との対話がスタートする。

（2）仲間との対話に不可欠な洗練

　子ども同士の対話を見ていると、何となく活発に行われているような気がしてくる。

　試しに二人の間に入って耳を傾けてみる。一人が自分の考えを話す。次に何のリアクションもなく、もう一人が話し始める。それで二人の発表会が終わる。またほかの相手と同じようなことが繰り返される。

　これらの行為は、対話の形態をとってはいるが、双方向の交流になっていない。とても対話とは呼べないものである。

　どうして、このような状態に陥ってしまうのだろうか。答えは簡単である。子ども任せにしているからだ。対話が高まっていくような指導がなされていないからである。

　指導者が、子どもの実態を把握して、適切な対話の指導を施す必要がある。そうすることによって、子どもたちの対話が洗練される。深い学びが生まれる。

2　読みの授業における対話成立の条件

　子どもが読む前の学習材としての物語文は、単なる記号の羅列である。文字が連なっているだけである。「読む」という行為を経て、はじめて物語の作品世界が立ち上がる。読み手によって、息吹が吹き込まれる。

　そういった意味からも、子どもたちに読みたいと思わせることが読みにおいて最も

重要である。そこから、テキストとの対話が始まる。

　子どもは、豆太になって裸足で雪道を走る。モチモチの木の美しい光景を見る。そして、一読み手として、じさまに甘える豆太を愛おしく思う。

　このような読みの体験は、自然な読書からも生まれる。ただそれだけでは、なぜあのおくびょう豆太が雪道を裸足でそれも血だらけになりながら走ることができたのかはあまりよく分からない。豆太は、最初と最後で何か変容が見られたのかもとらえることは難しいだろう。

　教師による働きかけがどうしても必要になってくる。例えば、子どもが解き明かしたくなるような発問である。子どもの頭に「？」が浮かぶようなしかけの提示である。

　これらの教師の働きかけが、テキストとの対話をより深いものにしていく。

○「モチモチの木」で、対話をつくり深い学びを生み出す

1　考えるに値する価値ある課題意識をもたせる

　先ほども述べたが、対話を生み出すには、考えたくなる課題が設定されなければならない。自分の考えがもてると、子どもは対話に向かって動いていくからだ。以下に、子どもが考えたくなりそうな課題を挙げてみた。

【モチモチの木で生み出したい価値ある課題】

> ○物語を進めている人の正体は？
> 　・語り手の存在に気付かせる。
> ○豆太は、最初と最後で何か変わったか？
> 　・中心人物の人物像や変容をとらえる。
> ○「モチモチの木」は、この作品に必要か？
> 　・物語の鍵となるものの効果を押さえる。

　教師が、どのような課題をもたせるべきかのプランを描いていなければ、子どもに課題意識をもたせることはできない。まずは、何に向かって読んでいくかを明確にすることが重要である。

　では、これらの課題についての意識をどうもたせていくかが次に大切になってくる。「物語を進めている人の正体は？」を例にもたせ方について考えてみたい。

　「モチモチの木」を読んでいくと、次のような文に目が留まる。

モチモチの木（光村図書ほか）

○全く、豆太ほどおくびょうなやつはない。
○もう五つにもなったんだから、夜中に、一人でせっちんぐらいに行けたっていい。
○……夜中には、じさまについてってもらわないと、一人じゃしょうべんもできないのだ。
○……ぬらされちまうよりいいからなぁ。
○……かわいそうで、かわいかったからだろう。
○それなのに、どうして豆太だけが、こんなにおくびょうなんだろうか──。
○……と、しょんべんにじさまを起こしたとさ。

これだけ強烈に語り手が顔を出してくる作品はあまりないのではないだろうか。だからこそ、語り手の存在を気付かせるよい教材となり得る。

○授業の実際―語り手の存在と効果を捉える―

補助的発問 「登場人物は何人出てくるかな？」

まずは、誰でも参加できる簡単な発問から授業をスタートする。子どもたちは、3人・4人・5人と言ってきた。意見が分かれたときこそ、対話のチャンスである。

ペア対話1回目 「何人出てきたか？隣の人と話してごらん」

ここでの教師の働きかけ1 「必ず人数を言ったら、誰が出てくるか言うようにしよう」

ただ人数をお互いに言ってもよく分からない。実際に誰が出てくるのか、テキストをめくりながら人物名に指を置くようにするとよい。

全体を見て、大体ほとんどのペア同士が言い終えたなと思ったら、すぐに全体対話に入る。全体での話合いも必ず自分に話しかけられているのだという意識で聞かせるようにする。3人と4人に分かれた。誰が出てくるのか聞いてみた。

謎の人物がいるのか、いないのかで意見が割れた。
すかさず全体の課題として取り上げるようにする。

> 中心発問　「なぞの人物はいるの？　いないの？」

　意見が割れたときこそ対話のチャンス到来である。しかし、ここはじっくり一人ひとり考えさせたいところである。そのようなときは、ノートに自分の考えを書かせてからペア対話に入るようにする。
　どうしても、書く活動を取り入れるとタイムラグが生じる。その際に有効なのが、書けた子同士のペア対話である。私は、書けたら席を自由に立ってよいことにしている。書けた子同士が、書いている子の邪魔をしないように静かな声で語り合うのだ。これなら、書けた子が時間を持て余すことはなくなる。書けない子も自分のペースで書ける。

> ペア対話2回目　「なぞの人物はいる？　いない？　自分の考えがノートに書けた人同士でどっちか検討しよう」

> ここでの教師の働きかけⅡ　「まずいるか、いないかを言いましょう。その後に、どうして、いると思うのか、いないと思うのか、理由を言うようにしましょう」

　対話は、子ども任せにしていてはいけない。教師が働きかけることによって、洗練させていくのである。最初に結論を言ってから理由を話す、という意見を言う基本をしっかりと教える。

> 対話を洗練させる技Ⅰ　理由に叙述を挙げた子をキャッチし、全体に広げる

　子どもが36人いたら、ペアは18組できる。それらすべてに耳を傾け、何を話しているか聞き分けることは不可能である。しかし、2、3組ならなんとかキャッチできるだろう。その中に、叙述をもとに理由付けしている子を見つけるようにする。
　テキストの中の言葉・表現を根拠にして説明できる子を大いに価値付ける。全体の前で対話を再現させ、何がよいのかを教師が説明する。そして、最後に褒める。これを数回繰り返せば、ほとんどの子は、真似するようになる。
　いない派は、「実際に出てきていない。声がするだけ」という意見を出してきた。
　いる派は、「豆太のことをよく知っている人が話している。豆太がしたことをよく見ている。だから近くにいる」という意見である。
　確かに、姿は見えない。だから、登場人物とは言えない。しかし、豆太のことをよく知っている。話しかけるように言っている。だから、何かが、誰かがいる。
　ここまできたら、地の文を語りながらお話を進めている人を「語り手」ということを教師が教える。物語をこれから読んでいく際に、極めて重要な用語は、タイミングよく教えるようにする。子どもが、一体誰なんだろうという課題意識をもっているときに教えるこ

モチモチの木（光村図書ほか）

とによって、しっかりと脳裏に刻まれる。

| 教えるべき学習用語 | 語り手 |

2　対話で深い学びをつくる

　どうすれば、子ども同士の話し合いで、読みが深まっていくのか。先ほども述べたが、子ども任せにしていては、対話は機能せず、読みも深まっていかない。教師による働きかけが、適切に行われる必要がある。では早速、「豆太は、最初と最後で何か変わったか？」の授業場面で見ていくことにしよう。

○授業の実際―人物像と人物の変容をとらえる―

| 補助的発問 | 「どっちが先でもいいよね？」 |

| ここでの教師の働きかけⅠ | さし絵を順序をわざと逆にして貼る |

　教科書の最初と最後にある挿絵（豆太がじさまに抱っこされている絵）を、黒板に順序をわざと逆にして黙って貼る。これだけで子どもは動き出す。「違うよ」と言い出す。「別にどっちが先でもいいよね」と切り返す。「だめだよ。だって豆太は変わったでしょ」。
　ここで中心課題につながるつぶやきを引き出していきたい。

| 中心発問 | 「最初と最後で豆太は変わった？　変わってない？」 |

　まずは、自分の考えをノートに書かせる。その後に変わったか、変わっていないか、立場を明確にさせる。意見が分かれる。子どもは、どっちなんだろう？　と思いつつ、明らかにしようという気持ちでいっぱいになる。
　そこで、解決の仕方を提案する。「君たちは、理由の中で、勇気をもったとかおくびょうなままとか言っているね。どちらなのかを解決するために、「豆太の心メーター」を使って考えてみよう」と投げかける。

| ここでの教師の働きかけⅡ | 可視化と立場の明確化 |

　何となく感覚で変わった、変わってないと言い合っても、なかなか考えは深まっていかない。そこで、「豆太の心メーター」をつくることによって、自分の考えや立場を明確にしていく。そうすることによって、対話をする際に視覚化された「豆太の心メーター」を基に交流が深まっていくことにつながる。

| ペア対話１回目 | 「豆太の心メーターがどうなったかな？　書けた子同士検討してみよう」 |

冒頭部から展開部にかけては、そんなにずれは生じない。問題は、最後の場面だ。ここでどのくらいグラフが下がるのかが問題になる。ノートと同じように黒板にもメーターが書かれている。視覚化されているので、子どもたちの議論も沸騰する。ここでいかに言葉・表現を手がかりに深めていくかが鍵となる。
　読み手の見方はどうしても主観が強くなる。作品の言葉・表現から離れがちになる。そこで、豆太に寄り添っているじさまと語り手がどう見ているのかを手がかりに考えさせるようにする。

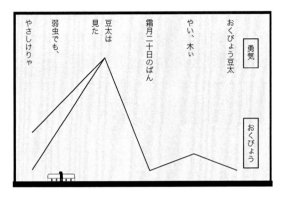

ここでの教師の働きかけⅡ
「じさまや語り手は、豆太のことをどう見てるかな？」

　もう一度子どもたちは、テキストに向かう。そして、次の表現に目を留める。

（じさま）自分で自分を弱虫だなんて思うな。人間、やさしささえあれば、やらなきゃならねえことは、きっとやるもんだ。
（語り手）……と、しょんべんにじさまを起こしたとさ。

「豆太は、またしょんべんにじさまを起こしてるから、おくびょう豆太にもどっちゃったんだよ。もどっただけじゃなくて、……」。

ペア対話２回目　「戻っただけじゃないのかどうか、じさまの言葉をもとにして二人で考えてみよう」

　考えが言葉になるかならないか、というタイミングでペア対話に入る。必ず根拠となるじさまの言葉を手がかりにして考えさせる。
「じさまは、弱虫とは思ってない。びっくりするくらいすごいことをした子だと思ってる」。
「豆太は、人に優しいから人のために勇気をもつことができるんだよ。でも、ふだんはやさしさを出す必要はないからまた弱虫になっちゃうんだね」。
　全体対話の中で、多角的に豆太の変容が語られ、豆太像が明確になっていく。
　対話で深い学びをつくるには、解き明かしたい課題があること、課題追求の際に、それに迫る言葉・表現に目を向けていくこと、教師が、子どものつぶやきをひろい、全体に返すことでゆさぶりをかけていくこと、などが必要である。
　授業は、まさに生き物である。ときには、対話が停滞することもある。なぜ、動かなくなってしまったのか、浅いところで留まってしまうのかを絶えず考えたい。
　子どもの言葉に耳を傾け、対話のチャンスを探ることほど面白いことはない。

モチモチの木（光村図書ほか）

ありの行列（光村図書）

単元名 科学読み物をしょうかいしよう

南山大学附属小学校　山本真司

◆対話成立の条件

　「対話的な学び」を目指そうとするとき、単に「ペア（グループ）対話」「机をコの字型に配置」と指示するだけで、意味のある対話が成立するわけではありません。子どもの対話する姿をイメージすることが第一歩です。

　様々な対話の様相が考えられるのですが、教室で子どもから次のような言葉が出ることが、大切なことなのではないでしょうか。

「よく分からないんだけど、どういうこと？」

　相手の話を聞いて「分からない」「どういうこと」という問い返すことは、ちゃんと理解したいという知的な誠実さの表れです。人は、気の知れた仲間と興味のある話題について対話しているとき、「ちょっと今の○○が分からないんだけど、どういうこと？」と、問い返しているものです。しかし、実際の授業では、（「分からないと言うのは恥ずかしいことじゃないよ」などと言われても）本当に困っている子が「分からない」と自分から表明するのは、なかなか難しいことだと感じています。

　特に学級全体の話合いの場において、「『分からない』なんて言うのは恥ずかしいし、話の腰を折ってしまう」と考えるのは自然です（職員会議を思い出してみてください）。

　その意味で、「ペア」のような少人数対話の場の設定は、有効な手立ての一つです。

　ただ、人数だけでは解決しません。次のことも必要な条件と考えます。

① 何でも話せる安心感のある関係
② 「分からない」を前向きにとらえる価値観
③ 子どもが話題（問い）に関心があること

　①、②は、普段からの培っていきたい土台となる条件です。③は、授業づくりにおいて大切なポイントです（実践と関連させながら後述します）。

　なお、人は、「他者との対話」を通して、「自己内対話」を育てていきます。赤ちゃんが、母親の言い方を真似しながら脳内に言語システムを構築していくのと同じです。「自己内対話」＝「思考」です。知的な誠実さをもって「自己内対話」していく子を育てる意味でも、「ちょっと分からないなぁ、どういうことだろう？」と言える授業を目指していきたいと思っています。

1 説明的文章の授業における対話の役割

　言葉を対象とする国語科の学習において、「対話」は、学びのゴールとも考えられます。ですがここは、説明的文章の「読むこと」の学習です。いったん「対話」を説明的文章をよりよく読むための手段としてとらえ、読むことの本質を踏み外すことがないようにしたいと思います。

　そもそも「説明的文章を読む」とは、本質的にどういう営みなのでしょうか。

　指導者の立場から言うと、構造や論理をとらえる力を付けてほしいなどの願いはあります。しかし、読み手の立場からすると、「書かれている内容を理解する」ということが自然であり、読むという行為の本質であると考えます（いろいろなレベルの理解はありますが）。**読んだ後に、「どんなことが書かれていたの？」と聞かれて、「〜という内容だよ」と答えられることなくして、少なくとも「読めた」とは言えません。**このことは、新学習指導要領3・4年「読むこと」ウにある「目的を意識して、中心となる語や文を見付けて要約すること」に相当します。

　子どもは、「〜という内容だよ」と、簡潔に答えられなかったり、答えが的を射たものになっていなかったりするものです。**「〜という内容だよ」と要約する難しさを克服しようとするところに、「対話」の出番があります。**難しいから細分化して分かりやすく教えようという発想ではなく、難しいから仲間と助け合おうというというわけです。要約を伝え合う過程で、「そこはちょっと分からないな」「どういうこと？」「詳しく教えて」といった言葉が出てくるなら、理解しようとする知的な誠実さを見取ることもできます。

　もちろんそのほかにも、疑問に思う記述について解決するとき、感想を交流するときにも対話によって考えを広め、深めていくことができそうです。

2 「ありの行列」の授業

主な話題の流れ

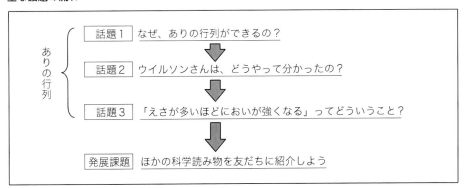

ありの行列（光村図書）

話題1　なぜ、ありの行列ができるの？

〈話題に至るまでの全体指導の展開例〉

> 教師「説明的文章を読んで、『〜という内容だよ』と言えないと、『読めた』とは、言えませんね。この『ありの行列』は、どんなことが書かれていますか？」
> 子ども「ありの行列について。」
> 　　　「なぜ、ありの行列ができるのか、が書いてある。」（問いの文より）
> 教師「では、なぜ、ありの行列ができるの？」
> 子ども「においをたどって、えさの所へ行ったり、巣に帰ったりするので、ありの行列ができる。」（ほぼ、最終段落の一文。）
> 教師「においってどういうこと？　ちょっと、よく分からないな。では、後で一人ひとりに聞きますから、友達にきちんと説明できるようにしましょう。」

　まず、内容を言えるようになることの意義を納得してもらった上で、「問いの文」を確かめ、その「答え」を言えるようにすることを目指します。その際、最後の一文そのままでは、不十分であることを確かめ、全文を読み直して、自分の言葉で説明できるように指示します。この学習は、まさに「目的を意識した要約」を求めるものです。
　例えば、次のような説明ができればよいでしょう。

> ありはえさを見つけると、地面ににおいのある液をつけながら帰る。他のありは、そのにおいをたどって、えさの所へ行ったり、巣に帰ったりするので行列ができる。

　発言できる子の発言をつなげることで、この説明にたどり着くのは、それほど難しくないかもしれません。でも、一人ひとりが自分で考えながら、このように的確に説明できるようになるのは、簡単なことではありません。
　そこで、「対話」の出番です。立ち歩いていろいろな子と交流する中で、友達に説明し、「なるほど」「よく分かった」と言ってもらうことを目指します。
　事前に、次のような動き方を伝えます。

> ・説明ができない子は、「分からない」、「教えて」と友達の説明を聞かせてもらう。
> ・説明させてもらいたい子は、「聞いてもらっていい？」と説明させてもらう。
> ・説明できた子は、「言ってみて」とあえて聞き役となり友達に説明させてあげる。

　まずは、自分の「分からない」を自覚し、前向きにとらえることが、対話的に学ぶための最初の一歩です。前向きな姿を褒めて、勇気付けるようにします。
　でも、子どもたちの動きが活発になり、互いに対話しようとする姿が見られたとしても、説明している内容が妥当であるとは限りません。「活動あって学びなし」に陥らない

ために、次のように呼びかけ、説明の妥当性を高めていくようにします。

> 友達の説明を聞いて、分からないところがあったら「〇〇ってどういうこと？」
> と、質問すること

〈1対1の対話の流れの例〉

> Aさん「おしりからにおいが出て、そのにおいをたどって歩くから行列ができるってことだよ。」
> Bさん「どんなときににおいが出るの？」
> Aさん「あっ、えさを見つけたときにおしりから出るんだよ。」
> Bさん「そうか。えさを見つけたときにってことも言ったほうがよさそうだね。」

このように聞き手が、話し手の説明に疑問に思い、問い返すことができたら、話し手は説明内容の質を高めていくことができます。聞き手の理解度、課題への誠実さも問われます。「分かりやすい」と言ってもらっていても、実は聞き手が説明の不十分さに気付かなかったり、聞き手の認識もズレていたりすることも起こります。そこで、次のような動き方も大切です。

> 説明して分かってもらえたという子も、いろいろな子と説明をし合うこと

それでも、子どもたちが上手く説明できないこともあるでしょう。状況に応じて交流を止め、ゴールに向かうために必要な事柄を全体の場で確かめることも大切です。

例えば、「においって、どんなときに出て、どこにつけるの？」と具体的な補助発問によって着眼点を明確にすることができます。また、よい説明を発表させて、全体で共有することは、苦手な子にとって大きな助けになります。

ただ、大切なのは、「読むことの自然な思考」、「分からなさの解決に向けた自然な対話」を一度体験することです。最初から教師と子どもの一問一答で段階を踏んで進めるのではなく、一旦、子どもにある程度委ねてみることで見えてくる子どもの動き、思考があります。その様子を見取った上で、必要に応じた指導でゴールに導くのです。

話題2　ウイルソンさんは、どうやって分かったの？

子どもは、においの働きによって行列ができることは説明できるようになりました。ただ、本説明文「ありの行列」の特徴は、学者ウイルソンがありのひみつを解明していった過程が書かれていることです。研究の成果だけなく研究の課程もまた読みどころと言えます。子どもの中にも、「ありのすごさ」だけでなく、「ウイルソンさんのすごさ」に関心をもった子もいることでしょう。

〈話題に至るまでの全体指導の展開例〉

> 教師「『なぜ、ありの行列ができるのか』。みんな⑥⑦⑧段落をもとにして説明できましたね。じゃあ、③④⑤段落はなくてもいいんじゃないかな?」
> 子ども「だめ。あった方がいい。」
> 教師「どうして?」
> 子ども「ウイルソンさんは、これらの観察があって、研究していったから。」
> 　　　「うん、大事だよ。」
> 教師「では、『ウイルソンさんは、どのようにしてありのひみつを知ったのか』を説明できるようにしよう。」

　できるだけ子どもの同意を取り付けながら進めることが、話題への関心を高めるポイントとなります。冒頭で述べたように「話題への関心」は、よい対話の条件です。
　この話題に対する答えは、次のような説明を想定しています。

> 　はじめに、ありの巣から少しはなれたところに砂糖を置いたら行列ができた。
> 　次に、道筋に石を置いても、しばらくすると道筋ができて行列ができた。
> 　そこで、ありの体の仕組みを研究してみると、おしりからにおいの出る液を出すことが分かった。
> 　そこから、ありがにおいをたどってえさのところに行ったり、巣に帰ったりして行列ができることが分かった。

　「対話」の流れは、話題1のときと同様です。
　分からない子は友達から聞き、言える子も互いに説明し合い、修正しながらよりより説明ができるようにするというように、一対一の「対話」を通して説明できるようにしていきます。問題が難しいほど、「対話」の必要性があるというものです。
　ただ、話題2では、見通しのもちにくさ、情報量の多さ、という点でつまずく子もいることが予想されます。子どもの困り感を見取りつつ、あくまで必要に応じて、全体の場で確かめていきます。
　例えば、文中にもある「はじめに」、「次に」、「そこで」といった接続語を確かめることで、ウイルソンが追究する過程を概観することができます。
　また、話題2について説明する前段階として、各段落ごとの内容を短くまとめる学習も有効でしょう。「ウイルソンがどのようにしてありのひみつを知ったのか」を説明する、という必要感をもって段落ごとに読み取るのが肝心です。目的意識なく、漫然と前の段落から順に要約するのとは違います。
　この話題2も話題1とは別の「目的に応じた要約」を求める課題です。「要約」は、説明的文章を読むことの本質に沿った課題です。本質的だからこそ、子どもは自分事として関心をもって取り組んでいくことができます。

話題3　「えさが多いほどにおいが強くなる」ってどういうこと？

話題1、話題2のような「目的に応じた要約」だけが、「対話」の話題ではありません。「『えさが多いほどにおいが強くなる』ってどういうこと？」という話題は、一読するだけでは理解できないけれど、つながりが見えると理解が深まり面白い話題です。こういった箇所も、対話する価値のある話題になり得ます。

〈話題3の展開例〉

> 教師「『えさが多いほどにおいが強くなる』ってどういうこと？」
> 子どもA「えさが多いほどたくさんのありが集まってくるってこと。」
> 子どもB「ほかのはたらきありにもにおいを出すって書いてあるよ。」
> 教師「⑥段落のことと関係があるの？」
> 子どもC「『じょうはつしやすい』と書いてある。たくさんのありが集まってこないと、時間が経つとえさの場所が分からなくなってしまうってこと。」
> 子どもD「つまり、えさが少ない時は、集まるありは少なくてよくて、えさが多い時は、たくさんのありが集まるようになっている。」
> 子どもE「うまくできているなぁ。」

着目するとよい言葉を子どもだけでは見つけにくい上、ゴールの見通しがもちにくい話題です。こういった話題に対しては、教師が補助発問を駆使しながら、参加者が多い全体で進めていくことがふさわしいでしょう。

発展課題　ほかの科学読み物を友だちに紹介しよう

話題1、話題2は、「どんな内容が書かれているか」を目的に応じて要約し、説明する話題でした。国語での学びを一つの教材に閉じたものにしないためには、「ほかの科学読み物を友だちに紹介する」というような日常生活に生かせる言語活動につなげていきたいところです。

学習の流れは、自分で科学読み物を選んで読み、「なぜ○○は△△なのか？」、「それは、どのようにして分かったのか？」を友達との対話で説明するという流れです。

ここでも、「目的を意識して、中心となる語や文を見付けて要約する」ことが、求められます。友達に説明する際に、「えっ？　それってどういうこと？」と問い返しがあることで、紹介する側の認識も磨かれていきます。

ただし、生き物図鑑や最近子どもたちに大人気の「○○○○いきもの図鑑」のような本は、結論が明快で分かりやすすぎる、という傾向もあります。また、「どのようにして分かったのか」という研究の過程についてはほとんど書いてありません。そこで、他社の教科書教材にある説明的文章やファーブル昆虫記のような読み物を用いるのがおすすめです。

ありの行列（光村図書）

3年 [説明文]

くらしと絵文字（教育出版）
単元名 段落のつながりに気をつけて読みましょう

東京農業大学稲花小学校　笠原三義

◆対話成立の条件

①本稿では対話とは、授業内における子どもたちによる「学び合い」「助け合い」の姿とする。
②よりよい対話は、授業内外の会話の充実の上に成立する。
③そのための感情の交流を中心とした学習集団づくりを授業内外で行う。
④その基礎の上に、教材解釈や発問研究を載せ、「三つのウオトーク活動」で対話を促進し、学び合い・助け合いのある授業を実現する。

　普段、作業している手を止めてふと教室の中で子どもたちの様子を眺めることがある。朝、挨拶をかわし、昨日の出来事に話の花を咲かせている子。休み時間には、席が遠くの友達のところまで行って、何やら今日の帰りの約束をしている子もいる。給食の時間などは、そこかしこで話の花が咲き誇る。このように、教室の中で子どもたちは実によくしゃべり、本来コミュニケーションをとりたい存在であると思う。
　ところが、授業の中では子どもたちがぱったりと黙ってしまうことがある。授業者の工夫を凝らした発問や、準備された学習過程の中であっても同様のときがある。この差に悩む教師は多いし、私もその一人である。
　様々な要因が考えられるが、理由の一つとして教師が「会話と対話」の違いを理解せずに、児童に対してストレートに対話する姿を期待していることはないだろうか。
　会話と対話の違いとは、端的に整理すれば以下のようになる。

　会話…話題や話す状況そのものの共有をもって成り立つ。立場を明らかにする必
　　　　要性はない。
　　　　目的は感情の交流。
　対話…論題や話す目的の意味を共有して成り立つ。立場を明らかにする必要があ
　　　　る場合が多い。
　　　　目的は、多様な意見の交流やすり合わせ。

　仮に、対話の充実を図るとした際には、対話から入ってはうまくいかないであろう。
　普段の人間関係では、会話を通じた感情の交流の積み重ねの上に、はじめて対話が生じて意見の交流が可能となる。いきなり論題をズバリ言うことは少ない。そうでない限り、意見が異なった際に、どうしてそう思ったのか……と推測する材料が乏しくなる。それは、結果として相手の生活文脈に寄り添うことができなくなるために、間

違った理解（誤解）をしたり、理解不能から決裂したりすることになる。「〜さんは、○○ということからそういう意見を言ったのだと思うんだけど、でも……」という折り合いをつける前提の理解がなされない話合い（対話）は、ロジカルに過ぎるし、豊かにはならない。

　教科書会社が作ったデジタル教科書に、単元によっては話し方や話し合い方を提示するために、映像による教材が組み込まれていることがある。その教材でのねらいが端的に、映像で示されるため授業の中で活用することも多い。経験のある方は見終わった後の、子どもたちの反応を思い出してほしい。「自分たちに求められていることがよく分かった！」という反応と共に、「でもあんな話し方はそのままはしないよね……」という気持ちも表情から読み取れるであろう。

　子どもにとっては、冗談＋意見＋遠慮などをひっくるめた会話の中に、対話は生じてくる。これらの会話を充実の上に対話の素地をつくる活動が「三つのウオトーク活動」である。

　以下、本稿では、「三つのウオトーク活動」の概要と「くらしと絵文字」の教材研究を対話のある授業づくりの基礎資料として紹介する。

「三つのウオトーク活動」を活用した対話のある授業づくり
―「くらしと絵文字」の教材研究を例に―

---

1 「アクティブラーニングピラミッド」と「三つのウオトーク活動」

　子どもたちは放っておけば、互いに教え合ったり助け合ったりするわけではない。子どもたちが教え合ったり、助け合ったりするためには、三つのことが必要である

　一つ目は、学び合い、助け合うことの価値を伝え感じさせることである。子どもたちの中に、教え合うことや教わることの大切さ、助け合うことのすばらしさをクラスの中でオーソライズ（公認）し、価値付ける。二つ目は学び合いや助け合いを実現するための方法を提示し、子どもたちが使いこなせるようにすることである。そして、三つ目は、学び合いや助け合いが存在するための時間の確保である。授業を教師主導で引っ張りすぎたり、内容を盛り込みすぎたりすると、子どもが自由に動くスキマがなくなる。授業は、ねらいや活動を焦点化して、子どもが自由にできるスキマを意図的につくることが大切である。

　一つ目と二つ目を実現する有効な手立ての一つが「アクティブラーニングピラミッド」に支えられた「三つのウオトーク活動」であり、三つ目を実現するための基礎となるのが教材研究である。

「アクティブラーニングピラミッド」―学び合い・助け合いを価値付ける―

学び合いや助け合いを価値付ける方法として、私が活用しているのは、「ラーニングピラミッド」と呼ばれるものを、改変した図である。

そもそもラーニングピラミッドとは、アメリカ国立訓練研究所にて提唱された学習の方略による知識の定着度を表した円錐型のグラフである。多様な学習方略を用いて学習することで、理解が進むことを示す上では、非常に有効である。

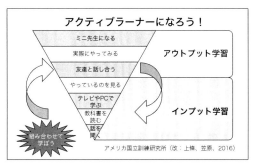

私は、新しい学年を担任した初期の段階で、上の図を示して次のように伝えている。

「学校での勉強は、みんなで勉強をすすめていくよね。そのときに人によって分かったりできたりするのには違いがあります。でも、ここにいるみんなができるだけ授業の中で分かったり、できたりするようになってほしいと先生は思っています。だから、この図のように話を聞くだけじゃなくていろんな方法を使って勉強をしましょう。そして、自分が『これ、分かりやすい！』と思った方法や、『こうすればいい』という考え方を、周りに伝えていきましょう。特に、自分は少し人よりも分かることが早かったり、多かったりする子は、その幸せを周りにおすそ分けできると素敵だよね」。この「幸せのおすそ分け」の発想は、授業のみならず様々な場面で子どもたちに繰り返し伝えていく。

学び合い、助け合いを組織する「三つのウオトーク活動」

3つのウオトーク活動
（ウオーク…歩く＋トーク…話す）
① ギャラリーウオトーク
② フリーウオトーク
③ トライウオトーク

学び合い、助け合いをラーニングピラミッドで価値付けた後は、活動を組織していく。そこで活用しているのが、「三つのウオトーク活動」である。ウオトークというのは、私のつくった造語で、「ウオーク（歩く）」と「トーク（話す）」をかけあわせた言葉である。

このウオトーク活動は、三つの活動で組織している。①～③は順番を表しているのではなく、それぞれの活動を授業の中の展開に合わせて行う（①が出来ないクラスでは、②は成立しにくく、②ができないクラスでは、③はできにくいといった活動の容易さを表している）。本稿では、この三つのうち、①と②を取り上げて紹介する。注

①ギャラリーウオトーク

一つ目のギャラリーウオトークは、元々は川上康則先生（東京都立矢口特別支援学校）が紹介している「ギャラリーウオーク」という活動である。私は、これに必要に応じて話すことも取り入れて「ギャラリーウオトーク」として活用している。この活動は、その名

> **ギャラリーウオトーク**
> ① 認められた離席の機会
> ② 意図的に静かな状況をつくる
> ③ 覚醒レベルを保ち、集中を取り戻す
> ④ 支援を必要とする子に支援がしやすい
> 川上康則(2016)「気になる子がアクティブラーニングで充実して学ぶために」
> (授業のユニバーサルデザインNO9 P32-33)

> **ギャラリーウオ(ト)ーク**
> ⑤ 自分で自分の状況を判断する
>   力をはぐくむ(自己モニタリング)
> ⑥ 自分にとってほしい情報をもっていることの多い友達を理解する(他者理解)
> ⑦ 短時間で全体の意見を交流することができる(シャッフル機能)

の通り授業中にギャラリー（美術館）を歩くように静かに立ち歩き、ほかの児童の活動やノートを見合う活動である。その活動には、特別な支援が必要な児童にとっての視点からは①〜④のような利点がある。私はそれに加え、学び合いや助け合いの視点からみると、⑤〜⑦の利点もあると感じている。

　例えば、何かの活動を行っているときに「困った人は、静かにほかの人がどんな意見を書いているか見ておいで。頑張っている人は、もう少し頑張ってからでいいよ」とギャラリーウオトーク活動を指示したとする。そうなると、子どもははまず自分がどれくらい困っているのかについて考えることになる（自己内対話）。その結果、「ヒントが必要だ」と考えるとギャラリーウオトークに行ったり、「いや、もう少し考えてみよう」と判断したりすることもできる。自分の中の課題に対する困りレベルを判断することで、適切なタイミングで助けを求める力（支援要求スキル）を育成することにもつながることになる。

　また、ギャラリーウオトークを繰り返す中で、情報源の選択についても子どもそれぞれの個性が出てくる。子どもたちの様子をよく観察していると、普段仲がよいわけではないが、特定の子のところへ必ず行く子がでてくる。その子に聞くと、「いつもユニークなアイデアを出していて面白いから」と教えてくれる。繰り返しの中で自分にとって価値ある情報をもつ子を知ること（他者理解）ができるようになる。

　また、結果として短時間で子どもたち同士の意見を知ることもできる。大人数のクラスで短時間に意見を交流させることは難しい。このやり方であれば子どもたちは多くの意見を知ることができる。その上で、教師が取り上げる必要を感じた意見を全体の前で発表させると、意見の交流とねらいの達成をしやすくなる。

②フリーウオトーク―多様性の気付きと、異質性への耐性・説得力の育成―

　フリーウオトークは、筑波大学附属小学校の桂聖先生が授業や研修会などの中で紹介されている活動を参考にしたものである。この活動は、授業の中などで意見が割れる発問をした際に使うことができる。

　例えば「夏休みと冬休みと春休み、どれが一番楽しみか」と問いかけたとする。ひとしきり自分で考えさせた後に、それぞれの意見をグー、チョキ、パーにカテゴライズして自分がどの意見かを表明させる。

　例えば、夏はグー、冬はチョキ、春はパーなどである。発問の内容によっては、迷っている子のために指3本は考え中など、別のハンドサインを付け加えることもある。

意見を表明した後は、席を立って、グーやパーを出しながら自由に歩き回って（ウオーク）、意見を交換（トーク）する。私が行う際には、「まず同じ意見同士で話をさせて、その後に自分とは違う意見の子の話を聞いてきなさい」などと指示を出すこともある。

この活動のよさは、意見を決めていても決めていなくても、話合いの活動に全員が参加できることである。意見がはっきりしながらも理由がはっきりしない子にとっては、考えを深めるためのヒントを得ることができる。もちろん、話合いが円滑にいかない児童に対しては、寄り添って声掛けをすることも必要である。

同じ意見を聞き合う際には、意見は同じでも、その理由や挙げる具体例、表現の根拠が異なることに注意を促しながら活動に参加させることが大切である。具体的には「同じグーでも、わけが違うときがあるよね」、「例えばって言うときの、例えが違うときもあるね」、「言い方や、参考にしたページが違うときがあるよね」、「それら、自分と違うところを探してくるんだよ」と声掛けをする。この活動を通じて、子どもたちはクラスの中に、意見では同じでも、訳や根拠が違うことがあるという多様性に気付くことができる。

違う意見を聞き合う際には、同じく理由、具体例、根拠を知ることによって、異質な意見へ耳を傾ける耐性を身に付けていくことができる。それと同時に、「え、なんで？」と問い返したり、「でも、それって……」と相手の意見の矛盾をついたりしながら、「それならば……」と自分の意見をもって相手を説得する力も養っていくこともできる。

このフリーウオトークを通したうえで、全体で意見の交流を行うと、自分の意見により自信をもって話すことができるようになっている子が多くなる。また、「この子の意見が面白かったな、自分と違ったなという子を紹介してくれない？」と問いかけることで、普段あまり発表をしない子に活躍の機会を与えたり、私が把握できていなかった面白い意見が出てきたりすることもある。

こういった活動を、普段から何度も積み重ねることで、クラスの中に多様な意見を許容する雰囲気や、異論をまずは聞く構えが醸成することができる。この効果は、授業内にとどまらず、学級経営の面からも支持的雰囲気をつくっていく上で非常に有効であり、対話による教え合い、助け合いを促すことができる。三つのウオトーク活動は、教師公認の「立ち歩き」かつ「立ち話」である。そこに表れる子どもの自然な姿を活用して、対話を促進していくのである。

2 「くらしと絵文字」（教育出版 3 年下）の教材研究

　授業展開などを考える前に、まず教材研究によって文章の特徴や価値を明らかにすることは、授業のねらいを焦点化し、内容や教師の言葉を最低限に削ることに繋がる。その結果、子どもが対話をするスキマをつくるためには欠かせない作業である。

　とはいえ、どのような視点で教材を研究するかは、目的や割ける時間によって様々な方法がある。ここでは、筑波大学附属小学校の白坂洋一先生の紹介する 10 の観点での教材研究を紹介する。観点は、以下の通りである。

説明文教材分析の 10 の観点
①題名は？　②問いと答え　③要点・要約は　④事例のありかた（内容と順序）
⑤文章構成図（接続語）　⑥表現の効果は？（強調されている言葉）
⑦繰り返しの言葉はないか？　⑧比較・対比はないか？
⑨文種は何か？（観察文・意見文・紹介文・記録文・報告文・物語文）
⑩筆者の主張はどこにあるか？
　　　　　第 19 回全国国語授業研究大会　学習材検討会での提示資料より（文責　笠原）

　教材研究は、あくまで教材文そのものの吟味である。その上で、実際の授業では以下の点を勘案して指導計画や授業案を具体化していくことで、対話のある授業を実現していく。

---

①目標と言語活動（単元・各時間）
②学年段階や学級の児童（集団）の特性
③既習内容の定着具合と、予想されるつまずき
※つまずきに対しては、授業のユニバーサルデザインの視点からみた、教育方略や指導方法の工夫が有効な手立てとなる。

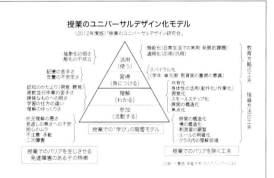

④本時において、導入・展開・まとめで子どもたちに期待する「つぶやき」の指定
⑤授業時間の 7 割（45 分授業で 32 分程度）で本時の活動案を組み、3 割は子どもの対話に充てる。

注
　トライウオトークについては、「学びの場 .com（内田洋行教育研究所）」内『教育つれづれ日誌』掲載の笠原執筆記事「授業のユニバーサルデザインの三要素」を参照していただきたい。記事は下の QR コードから読むことができる。

ごんぎつね（光村図書）
単元名 読んで考えたことを話し合おう

山梨大学教育学部附属小学校　髙橋達哉

◇対話成立の条件

河野（2009）は、「対話」について、以下のように述べている。

> 　対話の意義は相手との意見交流を通して社会性が養われ、自己の考えを振り返り、捉え直し、創造的に価値や意味を見出だすことである。会話との違いは、会話が親しい者どうしのおしゃべりであるのに対して、対話は初めての人との情報交流や親しい人との間であっても、それがなされることによって、新しい価値や意味の生成が行われるところにある。そのような対話能力を育成するためには、相手との矛盾や葛藤が生じるような切実な対話体験が必要となる。
> 　　　　　　　　　　　　　　（下線は引用者によるもの）

下線部を整理すると、以下のような対話成立の条件が見えてくる。

対話成立の条件
　考えの振り返りや捉え直し、新しい価値や意味の生成が行われていること

　本稿では、対話成立の条件をこのようにとらえ、文学的な文章を「読むこと」の授業における対話を軸とした授業実践を提案したい。

1　対話成立を目指す授業の工夫

1　対話成立を目指すためには？

　授業における対話成立を目指す上で、私が提案するのは、以下のような「ずれ」を表出することである。

【授業における「ずれ」】
①自分と友達との考えの「ずれ」
　（例）私はAと考えたけれど、友達の中にはBと考えた人もいるのか……。
②自分と教師との考えの「ずれ」
　（例）先生は○○と言っているけれど、何か違うような感じがする……。

③自分の知識と教材との「ずれ」
　（例）これまでに学んだことが、この教材には当てはまらないな……。

　このような「ずれ」に直面した時、子供たちの中には、ある問題意識が生まれる。それは、「ずれ」の原因は何か？　という問題意識である。
　私は、この問題意識こそが、授業における対話を、必要感のあるもの、かつ対話成立の条件を満たすものにすると考えている。

2　「ずれ」の原因への問題意識が対話を促す

　例えば、「友達」との考えの「ずれ」の原因について考えるとき、立場や考えの異なる相手（異質な他者）と対話したいと考えるのは自然なことである。「なぜ考えに違いが生まれるのか」という「ずれ」の原因は、互いの考えの根拠や理由を整理する中で見えてくると考えられるからである。「ずれ」が生じている相手との直接的な対話が促されるのである。
　また、「教師」や「教材」との「ずれ」の原因について考えるときには、同様な「ずれ」を実感している友達（同質な他者）との対話によって、「ずれ」の原因の解明が進められる。この場合には、「ずれ」が生じている相手との間接的な対話と言える。
　いずれの場合も、対話が、必要感のあるものとして促されることが特長である。そして、友達に自分の考えを伝えるためには、再度考えを振り返り、整理しなければならないし、異質な他者、同質な他者との対話の結果として、自分の考えがとらえ直されたり、変化したりすることも考えられる。さらには、「ずれ」の原因を突き詰めていくことで、新たな発見をすることもあるだろう。
　このように、授業において「ずれ」を表出することによって、「考えの振り返りや捉え直し、新しい価値や意味の生成」という対話成立の条件を満たす対話を促すことができるのである。

3　「ずれ」を表出する手立て

　授業において「ずれ」を表出するには、教材がもつ特性に応じて、学習課題や発問の工夫を行うことが必要となる。私は、「読むこと」の授業において「ずれ」を表出するための手立てとして、次の10の方法を提案している（髙橋・三浦、2018）。

【10の「読解ツール」】　　　　　　　　　＊詳細については、拙著を参照されたい。
①一番を考える　　　　②比べて考える　　　③ランキング付けをする
④スケーリングで表す　⑤もしも…と想像する　⑥暗黙知を使う
⑦記号で表す　⑧空所を作る　⑨視点を変える　⑩イメージ化する

2 本単元で身に付ける資質・能力と単元の概要

1 本単元で身に付ける資質・能力

〈知識・技能〉

様子や行動、気持ちや性格を表す語句をとらえることができる。（(1)言葉オ）

〈思考力・判断力・表現力等〉

登場人物の気持ちを、行動や会話、情景などの叙述を基にとらえることができる。（C読む（1）イ）

登場人物の気持ちの変化や情景について、場面の移り変わりと結び付けて具体的に想像することができる。（C読む（1）エ）

〈学びに向かう力・人間性等〉

登場人物の心情やその変化について、様々な叙述をもとに進んで考えることができる。

2 単元の概要（全9時間）

	主な学習内容
第一次 （第1～2時）	・心に残った場面について感想を書く。 ・登場人物の確認と音読練習を行う。
第二次 （第3～7時）	・登場人物の人物像や、行動と気持ちの変化をとらえる。 ・登場人物同士のすれ違いや関係の変化について考える ・視点の転換をとらえ、その効果について考える。
第三次 （第8～9時）	・テーマを決めて、話し合う。 ・心に残った場面や、表現の工夫についてまとめる。

3 教材の特性と「ずれ」を引き出す発問例

1 情景描写

「ごん」の心情を間接的に表現していると考えられる情景描写が、作品中に点在している。例えば以下のような表現である。

○空はからっと晴れていて、もずの声がキンキンひびいていました（第1場面）
　→久しぶりに外へ出たごんの「すがすがしい気持ち」が表現されている。

○人々が通ったあとには、ひがん花がふみ折られていました。（第2場面）
　→兵十の様子を見て、ごんの気持ちが変化していることが表現されている。

これまでに学習している会話文や行動描写に加え、人物の心情を読み取る上での新たな着眼点として取り上げたい表現である。

【「ずれ」を生む発問の工夫】〈もしも……と想像する〉

「もしも、景色の表現が、別の表現だったとしたら…？」

◇別の情景描写の表現を仮定的に提示する。子供たちは教師の提示に違和感を覚えることだろう。違和感の原因について考えることを通して、場面の様子や「ごん」の心情と、景色の表現との関係に気付くことができるようにする。

2　視点の転換

　第1場面から第6場面まで、一貫して「ごん」が視点人物だが、第6場面の途中（「そのとき兵十は、ふと顔を上げました。」）から、視点人物が「兵十」に転換している。ここでは、視点が転換されていることを捉えるだけでなく、視点の転換がどのような効果を与えているのかという点について考えることができるようにしたい。
　なお、視点が「兵十」に転換されることによって、「ごん」を撃った「兵十」の思いが読み手に明らかになるとともに、「兵十」にとっても悲劇的な出来事であったことが理解できるようになっていると考えられる。

【「ずれ」を生む発問の工夫】〈スケーリングで表す〉
「『ごん』と『兵十』、どちらの方がかわいそうかをスケーリングで表そう」
　◇話合いを通して、第6場面では、「兵十」の心情も読み取れることを確認する。それは、視点が転換されているからだということに気付くことができるようにする。

3　兵十が伝えた物語が語り継がれている作品構造

　「これは、わたしが小さいときに、村の茂平というおじいさんから聞いたお話です。」と始まることから、「ごんぎつね」は語り継がれた物語であると考えられる。では、この一連の出来事を、まず初めに語ったのは誰だろうか。それはほかでもない、「兵十」であると考えられる。であるならば、ここで物語られていることは、全て「兵十」が想像して語っていることであり、「ごん」がどんな思いでいたのかということも全て「兵十」が思いを馳せたことである。「兵十」は、ここまで「ごん」のことを理解したのである。仮にそう考えたとき、本作品が、「ごん」の死後、いかに「兵十」と「ごん」が分かり合えたかが分かる物語であると言うことができるのではないだろうか。

【「ずれ」を生む発問の工夫】〈くらべて考える〉
「『ごん』の気持ちは、兵十に通じたか？　通じたとは言えないか？」
　◇解釈を話し合うことを通して、作品の構造に気付くことができるようにする。

【引用・参考文献】
河野順子（2009）「75　話し合い・討議」田近洵一・井上尚美編『国語教育指導用語事典第四版』教育出版
髙橋達哉・三浦剛（2018）『「読むこと」の授業が10倍面白くなる！国語教師のための読解ツール10 & 24の指導アイデア』明治図書出版
鶴田清司（1993）『「ごんぎつね」の〈解釈〉と〈分析〉』明治図書出版

4 対話成立を目指す授業の具体

1 本時の目標
会話文や行動描写のほかに、色彩や情景表現からも登場人物の心情を考えることができることを理解することができる。

2 「対話成立」のポイント
「いちばん切ないと感じたところは?」という発問により、子供同士の「ずれ」を引き出し、互いの考えを聞き合う中で、新たな考えや多様な解釈に気付くことができるようにする。

さらに、「最後の一文を別の表現に変えてもいいか?」というゆさぶり発問によって、教師の提案への違和感をもたせる。その違和感の原因について考える中で、色彩や情景描写に気付くような展開にしていくことがポイントである。

○
⑧青いけむりが、まだつつ口から細く出ていました。

「青い」…悲しいイメージ
「細く」…命があと少しという感じ

⑧黒いけむりが、つつ口から、太く、もくもくと上がっていました。

△「黒い」、「もくもく」が合わない。

☆行動描写、会話文だけでなく、色や情景からも人物の気持ちを考えることができる。

3 授業の流れ

1 6場面を確認する

どんな場面だったかな?

まずは、第6場面の内容について黒板に文を掲示しながら確認を行う。

その上で、「『ごん』が栗や松茸を持って行っていたということが、最後の最後に『兵十』に伝わって、本当によかったね。この場面は、とても嬉しい場面ですね」と教師があえて、場面に合わない感想を述べる。それに対する子どもたちの「切ない場面」「悲しい場面」という言葉を取り上げて、次の発問へつなぐ。

2 いちばん切ないところを選ぶ

6場面の中で、いちばん切ないと感じたのは、どこ?

子どもたちの「切ない場面」という声を受けて、特に切なさを感じる部分はどこか、提示したカードの中から一枚を選ぶように促す。

挙手で選んだ人数を数えて板書したり、ネームマグネットを貼ったりした上で、その部分を選んだ理由について、考えを交流する(各自の選択の状況を明らかにすることで、自分とは異なる考えをもつ友達の存在に気付くことができる)。

ごんぎつね

新美 南吉

◎ 六場面の中で、いちばん切ないと感じたところは？

〈人数〉

- 3　①その明くる日も、ごんは、くりを持って、兵十のうちへ出かけました。
- 1　②ごんは、うちのうら口から、こっそり中へ入りました。
- 9　③こないだ、うなぎをぬすみやがったあのごんぎつねめが、またいたずらをしに来たな。（兵十は）足音をしのばせて近よって、今、戸口を出ようとするごんを、ドンとうちました。
- 9　④ごんは、ばたりとたおれました。
- 5　⑤うちの中を見ると、土間にくりが固めておいてあるのが、目につきました。「ごん、おまいだったのか、いつも、くりをくれたのは。」
- 5　⑥ごんは、ぐったりと目をつぶったまま、うなずきました。
- 2　⑦兵十は、火なわじゅうをばたりと取り落としました。

3　最後の一文について話し合う

「青いけむりが……」の一文はこれでもいいよね？

　最後の一文は、あまり選ばれないと予想される。多くの子どもは、単にその場の光景を表している文だととらえるのではないだろうか。そこで、「けむりが出ていたことが伝わればいいなら、別の一文でもいいよね？」と言ったりしながら、「真っ黒な煙が……」や「白い煙が……」などの別の文を提示する。

　（最後の一文を選んだ子どもがいなければ、「この一文はなくてもいいよね。」とゆさぶるのもいいかもしれない。）

4　表現の工夫をまとめる

話し合ったことをまとめよう。

　本時の学習を振り返り、「切ない」と感じる部分は、人それぞれだが、多くの人が『ごん』や『兵十』の気持ちが想像できる部分を根拠にしていたことを振り返る。さらに、話し合いを通して、会話文や行動描写以外に、色彩や情景の表現からも、登場人物の気持ちが想像できることが分かったということをまとめる。

　学習用語をきちんと板書して示すようにしたい。

一つの花（光村図書）

単元名 感想をくらべて生まれた自分たちの読みの課題を追究しよう

暁星小学校　野中太一

◇対話成立の条件

1　友達の発言の真意をとらえようとする構え

　学級で対話が成立するためには、自分の発言には友達からの反応が返ってくるという安心感を子どもがもっていることが必要になる。そのためには、担任が子どもの発言を受け止める姿勢をもつことが必要である。「受け止める」とは、子どもの発言を言葉通りに聞くことではない。「その子が伝えたいことは何か」というその子の真意を探りながら訊く（聴く）ことである。教師がこの姿勢をもつと、つたない言葉で自分の思いを語る子どもを待つことができるようになる。発言を最後まで聞き終わらないうちに、「○○ということね」と教師側が言い換えてしまい、発言した子が静かにうなずくということがなくなる。上手に話すことを求めるのではなく、最後まで言い切ることを支援するようになる。担任のこの姿勢が、学級の子どもたちに与える影響は大きい。教師のこの姿勢の価値に子どもたちが気付くことで、子どもたちは友達の発言の真意を探りながら訊く（聴く）ようになる。

2　相手意識

　「誰に伝えるのか」という意識をしっかりともつことが必要である。学年にもよるが、まずは教師にしっかり伝えられるようになることが必要である。教師は、「その子の近くで訊く（聴く）」から、「教室の対称的位置に立って訊く（聴く）」など訊く（聴く）位置を変えて、発言する子が認識する空間が広がるように支援する。そういった経験から受け止めらえる安心感をもつようになると、賛成している友達に伝える、反対する友達に伝える、友達の発言の意図を確かめるためにその子に向かって訊くといった相手意識がもてるようになる。相手意識をもつとは、伝える相手に「こういう反応を示して欲しい」という期待をもって話すことである。

3　目的意識

　何のために話し合っているのかという目的をクラス全員が共有していることが必要である。「話す内容が今現在の話題に適しているのか」。この視点は、先ほどの訊く（聴く）姿勢の一部でもある。目的には、単元の目的、本時の目的、今現在話し合っている話題の目的と三つがある。教師は、本時の目的をできるだけ小さく（できれば二択に）する努力をする必要がある。また、授業中にはいくつもの話題が生まれてくるので、今現在話し合っている話題に全員が向くような手立てを打つ必要がある。

1 教材分析から指導事項を具体化する

1 「説明と描写」「場面分けの基準」「視点」が大切

　「一つの花」は、1974年に初めて教科書に掲載された。その当時は平和教育の教材としての扱いであったため、次期学習指導要領の「知識及び技能」「思考力、判断力、表現力等」という観点で単元を組むのが難しい教材の一つである。中学年の文学教材で扱うことの多い「中心人物の変容」では作品が追えないという特徴をもつ。

　教材分析では、まず、説明と描写とを区別する必要がある。作品の冒頭に、「ゆみ子」と時代背景の説明がある。「なんてかわいそうな子でしょうね。」から描写が始まる。次に、描写を「時」を基準にして場面分けする。すると、描写は四つの場面に分けられる（作品全体は5場面）。最後に「視点」である。中心人物が「ゆみ子」であるのは、最初の説明で語り手が「ゆみ子」を説明していることや、10年後の場面でも語り手が「ゆみ子」に寄り添っていることから分かる。しかし、「ゆみ子」の変容はわからない。それは、語り手がゆみ子の心を語らないからである。語り手は、「ゆみ子」だけでなく、「お父さん」「お母さん」の心も語らない。このような描写を三人称客観視点という。三人称客観視点は、突き放したような寂しさや出来事としての事実が強調されるという特徴をもつ。

2 指導事項の中心は「類比」と「対比」

　本教材で「知識・技能」として挙げることができる指導事項に対比と類比がある。

　まず、類比から説明する。本作品には、着目すべき文が二つある。「ゆみ子のにぎっている一つの花を見つめながら……。」と「お父さんは、プラットホームのはしっぽの、ごみすて場のようなところに、わすれられたようにさいていた、コスモスの花を見つけたのです。」である。お父さんは、なぜ、ゆみ子の顔ではなく、ゆみ子の握っている一つの花を見つめながら去っていったのか。

　この問いに答えるには、「場所の類比」が必要になる。3場面でゆみ子たちが立っている場所とコスモスの花が咲いている場所の類比である。「ゆみ子とお母さんのほかに見送りのない」「プラットホームのはしの方」「そんなばんざいや軍歌の声」が、「わすれられたように」「プラットホームのはしっぽ」「ごみすて場のようなところ」にそれぞれ対応している。お父さんは、そんな中で咲いているコスモスとこんな時代に生きているゆみ子を類比させたと解釈することができる。そうすると、「いったい大きくなって、どんな子に育つだろう」とゆみ子の将来に不安と心配しかもてなかったお父さんが、コスモスを見つけることによって、ゆみ子の将来に対する希望を見出したと読むこともできる。ゆみ子の握っている「一つの花」は、ゆみ子の将来に対する希望の象徴なのである。このような、類比の考えを支えるものに、「修飾語の重なり」がある。それが着目すべき文の二つ目の「プラットホームのはしっぽの、ごみすて場のようなところに、わすれられたようにさいていた、コスモスの花」である。「コスモスの花」を修飾する語句が重なっている。このように、修飾語が重なる表現は作品の中で大切な役割を担う（例えば、『かさこじぞう』

の「じいさまは、自分のつぎはぎの手ぬぐいをじぞうさまにかぶせました」の一文の「手ぬぐい」を修飾する語が二つ、「自分の」「つぎはぎの」であることも同様である）。重要な役割を担う一文が類比の片方に存在することにより、「場所の類比」の重要性を支えている。

次に対比である。これは、多くの実践で取り組まれているものである。戦争中と十年後の生活を比べて、ゆみ子たちが生活していることは同じだが、その中で変わったことを抜き出すのである。このことが、平和の大切さにつながる。

このように、教材分析をすると、本単元の指導事項は、次の六つとなる。「三人称客観視点　語り手の位置と人物との距離感　」「対比」「類比」「修飾語の重なり」「象徴」「作品の主題」。

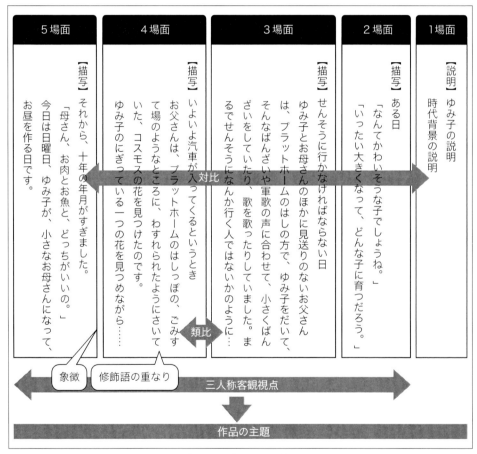

「一つの花」の教材分析

2　対話を軸にした単元にするためには、第一次が大切

1　友達と自分の考えの相違を顕在化する

対話が成立するためには、子どもの間に読みのズレが生まれる必要がある。「何でそう

このお話は、三人称限定視点で、最初は一つだけの大切がわからなかったゆみ子がお父さんのコスモスによって変容したと思う。

前提…戦争が激しかったころのこと
視点…三人称客観視点
変容…よくわからない
主題…戦争の悲しさと、両親の優しさによるよろこび

ぼくは、この話は、三人称客観視点だと思います。そして、中心人物はゆみ子で、対人物は父、母だと思います。これは、戦争のおろかさを教えてくれるとても悲しい話しだと思いました。

このお話はゆみ子によりそって話しが進んでいると思います。なぜなら、お父さんとお母さんの話が異様に飛んでいるからです。

対人物は、二人でいいなら、コスモスとお父さんだと思います。なぜかというと、ゆみ子の機嫌が悪かったときに、お父さんがコスモスを渡すことでゆみ子の機嫌が悪かったときに、お父さんがコスモスを渡すことでゆみ子が元気になったからです。バッドエンドかハッピーエンドかわからない。だれも変容していない。

初発の感想の一部

「一つの花」友達の感想の感想を伝えて読みの課題をつくろう

最後、お父さんとお母さんは結局どうなったか書いてないので、とっても疑問を残す終わり方だと思った。

ぼくは、このお話の最後はいらなかったと思います。なぜなら、お話と関係ないと思ったからです。

なんでコスモスがあんなにあるのか不思議に思いました。

中心人物はゆみ子で、対人物はお父さんです。設定は、戦争の時、汽車の駅です。前提は分かりません。「一つだけちょうだい」がくり返しの言葉です。

中心人物はだれなのかなあと思いました。最後にコスモスが家のまわりを包んでいると書いてあったので、ゆみ子はお父さんをかすかにおぼえているんじゃないかなと思った。

ぼくは、「一つの花」を読んで、父親と母親は、何よりも子供のことを大事（大切）にしていることを、あらためて知りました。そして、父と母は、子供のためなら、命を捨ててもかまわないということ、子供が喜ぶことが、一番嬉しい（安心できる）ことも分かりました。

一つの花（光村図書）

思うの?」という疑問が相手意識を育み、子どもを主体的にする。

　私は、子どもたちの初発の感想の一部を打ち出し、子どもたちに配布するようにしている。子どもは、次の観点で色分けして友達の感想に線を引く。「赤:そんな考え方もあるんだ!」「黄:自分と同じ考えだ」「青:自分とは異なる考えだ」「?:よく分からないから聞いてみたい」。この作業を行うことで、子どもに発言の見通しが生まれる。この時間が、単元を通して、対話による学びが継続する鍵となる。友達の感想は、私が考えのズレが起こるであろう感想を選んで載せている。子どもはこの時間にお互いの考えを出し合い、クラスの中で何がズレているのかを把握する。子どもたちから生まれたズレの一つひとつが単元の課題となる。この時間の活動によって、子どもたちには単元の見通しと、なぜその課題を考えるのかといった目的意識、誰が自分と同じ考えで誰が異なる考えをしているのかといった認識から生まれる相手意識をもつ。

　今回生まれた単元を貫く課題は、「最後の場面の役割を考えよう」である。そのために、「最後の一文の役割を考える」「中心人物、対人物、視点、変容、きっかけを考える」「この作品は、ハッピーエンドの話か、バッドエンドの話かを考える」、そして「作品の主題を考える」を扱うこととなった。

2　単元の実際

　大まかに単元の実際をお伝えする。

(1) 最後の場面、最後の一文の役割を考えよう

　最後の場面は、「お話をハッピーエンドにする役割がある」という理由から全員が必要であるとしたが、最後の一文「今日は、日曜日、ゆみ子が小さなお母さんになって、お昼を作る日です。」については、次のような理由から「なくてもいい」という意見があった。

| だから、どうなの?何を伝えているかがわからない。 | 「…町の方に行きました。」からだけで、ゆみ子の成長は分かる。 | 最後の一文より、ここに、「鼻歌を歌いながら」「ウキウキしながら」という言葉を入れた方がいい。 | 最後の一文がなくてもハッピーエンドになっている。 |

　この時点で、最後の一文は必要ととらえている子は20人、必要ないととらえている子は13人であった。このズレから、最後の一文の役割について考えることが単元を通した課題となった。

(2) 最後の場面(一文)の役割をとらえるために中心人物について考えよう

　ここで扱ったことは、中心人物が今までの作品とは役割が違うという共通理解を図ることである。今までの物語では、中心人物は変容することが多かったが、本作品のゆみ子の変容はとらえにくい。その理由が、三人称客観視点で書かれていることにあることを押さえ、三人称客観視点は、語り手が人物の気持ちを語らないので、突き放した印象を与えるという特徴を共有化した。

（3）最後の場面（一文）の役割をとらえるために、〈くり返し〉に着目して各場面の役割を考えよう

　（2）を扱ったとき、「変容が分からないなら、作品の主題はどうやって考えるの？」という問いが子どもたちから上がった。それに答えたのが次の発言である。「『走れ』では、〈くり返し〉の効果から作品の主題をとらえたから、『一つの花』も〈繰り返し〉に着目すればいいんじゃない」。この子の発言から、「一つだけ」のくり返しに着目し、その効果を考えることになった。

　「一つだけ」が繰り返されることによって、変わることは、場面ごとに、「戦争の悲惨さ、苦しさ」が大きくなっていくことに子どもたちは気付いた。「一つだけ」の繰り返しが途絶えると、そこに「一つの花」が出てくる。繰り返しが途切れるとは、その後の出来事等を強調する効果がある。子どもたちは、「一つの花」を強調するものが、〈繰り返しの途切れ〉だけでなく、コスモスが咲いている場所とゆみ子たちがいる場所の類比からも強調されていることに気付いた。そこから、お父さんのゆみ子の将来に対する希望が強調されていると読んだ。

（4）1～4場面と5場面を対比させて、最後の場面の役割を考える

　1～4場面と5場面の対比から、子どもたちは5場面の役割を次のように読んだ。

⑤今までの学習から最後の一文の役割を考える

　最後に再度最後の一文の役割について考えた。子どもは、次のように発言し、多くの子が最後の一文の役割を最初よりも深く読むようになった。

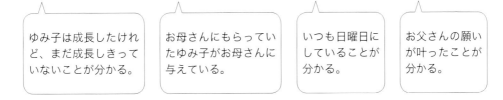

3　終わりに

　最後の一文の役割に対する子どもたちの読みが深化したのは、単元の学習課題が子どもたちの対話から生まれたことによるところが大きい。初発の感想からの認識のズレから単元の課題を子どもたちが自らつくり出すことは、「深い学び」につながると考える。

ムササビのひみつ（学校図書）

単元名 意味段落の要点を確かめ、筆者の問いに答えよう

神奈川県・小田原市立曽我小学　岩立裕子

◇対話成立の条件

1　「読むこと」における対話成立の条件

　本研究で考える「対話」には、対話する対象は他者だけでなく、教材、自己もその対象であると考える。また、新指導要領の求める「対話」は、情報の交換のみ行われるものではなく、「それがなされることによって、新しい価値の共有や意味の生成が行われるところにある[注1]」と考える。それが、国語科における「深い学び」の姿である。

　では、「深い学び」につながる対話が成立するための条件は何か。「読むこと」の学習における教材、自己、他者の三つの視点で示す。

教材との対話
- 書かれている内容をある程度理解、または想像できること。
- 考えたい内容が明確にあること（解決したいという欲求がもてること）。

自己との対話
- 分かることと分からないことが明確にできること。
- 自分の考えや立場が自分の言葉で示せること。
- 自分の思考の変化に気付くことができること。

他者との対話
- 話題が明確になっていること。
- 他者と交流することによって解決したいという気持ちがもてること。
- 自分の立場がはっきりしていること
- 他者の考えを自分の考えとくらべながら聞けること。

2　「読むこと」における対話成立に整えるべき環境

　さらに、「深い学び」につながる対話にするために整えるべき環境として4点挙げる。

- 対話させる場を計画的に意図的に設定していること。
- 子どもたちが解決したいと思える課題が設定されていること。
- 解決させたい話題がある程度の選択肢に絞られていること（自由記述式に考えが並ぶと拡散してしまうため、比較しながら聞きにくくなる）。
- 共通で使用できる用語を確認してあること。

1　対話成立の条件を満たすための土台となるもの

　では、対話成立に必要な条件や環境を整えるために身に付けさせておくべきものは何か。大きく三つあると考える。
　(1)　手がかりとなる知識や用語
　(2)　自分の考えを認識する力
　(3)　理解する力、伝える力、聞き出す力

1　手がかりとなる知識

　対話が深まりのないものになってしまう場合、子どもたちに手がかりとなる知識や共通で使える用語がないことが多い。これまでの学習経験や、問題を解決するためのヒントになる知識や用語がないために、何をどのように考えていいのか分からない状態である。子どもが教材や自己と対話する際に必要となる知識や用語と、他者と対話する中で自ら発見するであろう知識を教師側が明確にし、教えておく必要がある。

2　自分の考えを認識する力

　教材や自己と対話するとき、私たちは、はじめに「何となく」イメージしたことを表現できるように言語化しようとする。それが難しいときには「分からない」という考えが導き出される。子どもたちの中には、「分からない」、「考えがはっきりしない」という答えを否定する姿が少なくない。しかし、あいまいな状態がいけないのではなく、そういった自分の内面を認識することが大切なのだ。

　その後の繰り返し行われる様々な対話の中で、自分の考えが明確になり、言語化できるようになっていく経験を獲得することができる。その経験が自分の考えを認識することにつながる。

3　聞いて理解する力、伝える力、聞き出す力

　そもそも対話とは、「相手との意見交流を通して社会性が養われ、自己の考えを振り返り、捉え直し、創造的に価値や意味を見出すこと[注2]」である。したがって、他者との対話は、「話したいから話す」、「聞きたいから聞く」という欲求から行われる能動的な活動であってほしい。もちろん、能動的に活動できるような課題設定や発問が不可欠なのは言うまでもないが、その課題や発問に対して、相手に伝える力だけでなく、相手の考えを聞き出したり、聞いて理解したりする力が必要である。

2 対話することで生まれる「深い学び」とは

1 「対話」と「深い学び」の関係

　条件と環境を整え、対話が成立したとしても、そこに「深い学び」が生まれなければ学習が成立しているとは言えない。対話を通して生まれる深い学びを次の図で示す。

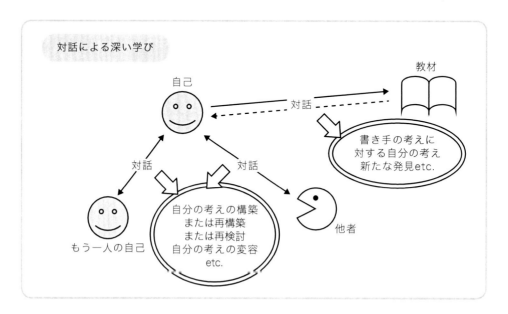

2 子どもの深い学びを見取る

　対話を通して生まれる「深い学び」は、子どもの内面である。そのため、教師がそれを見取るには、子どもが自分の考えや思いを表出しなければ不可能である。そのために、繰り返し教材と対話することで生まれる思考の変化や揺れ動く様子、他者との対話によって自分の思考に変化を与えたり自分の考えを見つめ直したりしたことを、子どもが発言したりや記述したりすることができる場を確保しなければならない。
　そこで必要なのが、先に述べた「対話成立に必要な環境」の一つ、「対話させる場を計画的に、意図的に設定する」ことである。当たり前のことではあるが、普段、どれだけ意識して対話を設定しているだろうか。どの対象と対話している時間なのかを明確に分けることは難しいが、教師が意識して授業を計画することで、子どもたちの深い学びを見取ることができるのではないか。また、何を目的とした対話であるかということに対しても意図をもって計画したい。単元全体の始めの学習では「自己を知るため」の対話を設定する。学習を重ねるごとに「深い学び」に向かうための対話が設定する。つまり、同じ対話でも学習の段階に応じて教師が意図的に対話の設定を工夫していく必要がある。
　また、対話することに必然性をもたせるためにも対話を促すための発問の精査が重要になることは言うまでもない。これは、「対話成立に必要な環境」の二つ目の「子どもたち

が解決したいと思える課題が設定されていること」に当たる。

できるだけ、単元の中の様々な段階で子どもが自らの思考を見つめ、再検討する場を設けることで、教師もその子どもの成長を見取ることができる。

3 実践 「ムササビのひみつ」

1 教材の特色

本教材は、段落相互の関係をとらえ、意味段落の要点を確かめながら筆者の伝えたいことについて自分の考えをまとめる活動をねらって設定されている。「アメンボはにん者か」という教材のプレ教材として位置付けられているので、教材のつながりを意識しながら計画を立てる必要がある。

本教材は、「はじめ（話題提起）」「なか1（問い1の内容）」「なか2（問い2の内容）」「おわり（まとめと筆者の考え）」という四つに分けることができる。題名に「ひみつ」という言葉が使われていることから、「どのようなひみつがあるのか」、「いくつひみつがあるのか」といった、学習全体の課題を設定することが容易である。意味段落の構成や題名から課題設定を行いやすいといった点について、次に扱う「アメンボはにん者か」の教材と似ているため、学習活動を計画しやすい。

2 単元計画（全4時間扱い）

	学習活動	おさえたい用語
1	・題名を読んで、学習の課題を考える。 「ムササビのひみつはいくつ？」 ・学習課題の答えを考えながら全文を読み、内容をとらえる。 ・課題に対する答えを予想して書く。	題名の役割 形式段落
2 3	・「問いの文」や「繰り返し出てくる言葉」を手がかりにして、各段落にどのようなことが書かれているのか読み取りながら、大まかなまとまりに分ける。 ・問いの文に対する答えの文を見つける。 ・学習課題を解決するために「ひみつ」という言葉を使って内容をまとめる。	問いの文 文章構成 要点 答えの文 具体と抽象
4	・学習課題に対する答えを自分なりにまとめる。 ・筆者の考えを文中の言葉を使って短くまとめ、それに対する自分の考えをまとめる。	筆者の考え

3 授業の実際

(1) 1時間目の様子

題名を読んで「ひみつって何だろう」とつぶやく子どもたち。ムササビを実際に見たことのある児童はおらず、教材の写真を示しながら題名を見てどんな疑問が浮かぶか投げかけた。子どもたちからは、「ひみつって何？」「ひみつはどこにあるの？」「ひみつはいくつあるの？」という三つの疑問が出された。そこで、計画では一つの課題を設定する計画

を変更し、これらの三つの疑問を解決できるよう詳しく読んでいくことを投げかけた。

全文を読んだ後に、文字だけでは理解できないことを出し合い、大まかに内容をとらえた。⑤〜⑥段落の実験については、実際にやってみることで書かれている内容を補った。その後、子どもたちは教材を繰り返し読みながら、三つの課題の予想を立てた。だいたいどの段落に書かれているのかを予想して書ける子もいれば、迷って見当をつけられない子もいた。「見当がつかない」という状態も1つの自分の考えであることを伝え、繰り返し読んだり仲間と話し合ったりする中で、考えを確立していければよいことを伝えた。

(2) 2、3時間目の様子

次に形式段落同士のつながりについて注目させた。「問いの文」と「繰り返し出てくる言葉」に注目することで、大まかなまとまりが見えてくることを伝えた。子どもたちは、「問いの文」がある②段落と⑩段落に注目し、②〜⑨のまとまりを導き出した。中には、⑧段落の「しかし、これだけでは〜」という書き方に注目し「問いの文には見えないけれど、ここから少し内容がかわる」と判断する子どももいた。結果、分け方にかなりばらつきができた。そこで、同じ立場の仲間で集まり、根拠となる言葉や表現を確認し合い、学級全体で話し合わせた。互いの意見を出し合い、違う立場の仲間を説得することが目的である。全体で話し合う時間と一人で考える時間、仲間とさらに説得力のある根拠を探す時間の三つの時間を確保しながら活動を取り入れた。

すると、②〜⑨段落では、②〜⑨段落は一つのまとまりととらえる子どもと②〜⑦段落と⑧〜⑨段落の二つのまとまりととらえる子どもに分かれた。同じように、⑩〜⑬段落についても、⑩〜⑬段落で一つのまとまりととらえた子どもと⑩〜⑪段落と⑫〜⑬段落の二つのまとまりととらえた子どもがいた。

そこで、この段階を終着点とし、大まかに分けたまとまりに「○○のこと」と名前を付けるよう伝えた。すると、子どもたちは次のような言葉で表現した。

②〜⑨段落		⑩〜⑬段落	
自由に木から木へ飛びうつること		くらす場所のこと	
②〜⑦	⑧〜⑨	⑩〜⑪	⑫〜⑬
まくのこと	尾のこと	くらし方のこと	すむ場所のこと

⑭段落については、「ムササビという言葉が出てこなくなった。」という理由や、「わたしたちの」と言葉が出てくることによって、⑬段落までと様子が違うと判断した子どもが大半であった。

ここまでくると、②段落の「問いの文」に対する答えは⑦段落と⑨段落にあり、⑩段落の「問いの文」に対する答えは⑪段落に書かれていることを子どもたちだけで容易にまとめることができた。

(3) 4時間目の様子

導入で設定した三つの課題に対する結論をまとめさせた。前時までの学習をもとに、自分の考えをまとめることができた。「ひみつって何？」の課題に対しては「自由に飛び回

れるひみつ」と「木の上で暮らすひみつ」の二つを挙げ、「ひみつはどこにあるの？」という課題に対しては「前足と後ろ足との間にあるまく」と答えていた。さらに「ひみつはいくつあるの？」という課題に対しては「三つ」と答える子どもが大半であった、

また、筆者の考えについては、「〜ものです」という表現から、読み手に訴えている内容が書かれていることは容易に読み取ることができた。ムササビに生態を初めて知ったので、木を切らないで済む方法を考えたいなどとまとめていた。

ここで、⑭段落が、ほかの段落とくらべて抽象的な表現になっていることに注目させ、「具体」と「抽象」の違いをとらえさせた。

4　考察

今回、それぞれの時間のどのような場面で、何と対話する時間を設定できるかを考えながら計画した。導入の部分では、立ち止まらせる必要のある言葉に教師が注目させる場面を多かったが、次第に、子どもたちは自らテキストを読み、自分が考えていることや感じていることと向き合おうとする姿や記述が見られた。また、初めてテキストと向き合ったとき、どのように考えたらよいのか分からなかった子どもも、仲間との対話によって注目する言葉を見つけるコツが分かると自分の考えを明確にできるようになった。さらに、自分が見つけた手がかりに自信がもてない子どもたちは、仲間との対話で自分の考えと比較させながら自分の考えを吟味したり相手の考えを取り入れたりしていた。

このように、学習が進むにつれて子どもたちが教材や他者に能動的に関わろうとする姿への変容をとらえることができた。それは、子どもたちが自らの思考の変化を認識できるようになったことが大きく影響している。あいまいだった自分の考えが明確になっていくことの喜びや、それに伴って「相手はどんな考えをもっているのだろう」と知りたくなる欲求がこれらの変容を促したと言える。教師は、子どもたちのこういった変容を記述や発言、学習の振り返り等で見取り、評価することができる。また、子どもによっては、その変容を価値付けてあげることで次の学習への意欲につなげることができる。

対話は、深い学びを成立させるための大切な手段である。ただし、対話の中で自分の考えがどのように変化し、どのように確立したのかを子ども自身が認識できなければ、意味を成さない。教師が意図的、計画的に対話を取り入れることで有効な手段になる。

【引用文献】
注1　吉田裕久・水戸部修治編（2017）『平成29年版　小学校新学習指導要領ポイント総整理国語』東洋館出版社
注2　田近洵一・井上尚美編（2012）『国語教育指導用語辞典　第四版』教育出版

大造じいさんとガン
（光村図書／東京書籍／学校図書／教育出版）

5年[文学]

単元名 物語の魅力を伝え合おう

北海道教育大学附属釧路小学校　長屋樹廣

◇対話成立の条件

対話成立の条件として、以下の3点があると考える。

1　学習材との関わり

「学習材との関わり」とは、「どうしてなのかな」「きっとここは、このような意味だと思う」など、能動的に学習に向かう姿である。学習材が魅力的（学習材そのものの魅力、やってみたい、解き明かしたいなどの知的好奇心を揺さぶるもの）になる単元デザインをし、それまでの知識や経験を生かし、もてる様々な能力を発揮して、その学習材と関われるようにしていく。

|手立て| 子どもたちが、学習に見通しをもったり、必要感・学びの連続性を味わったりできるように、単元構成を工夫していく。

2　他者との関わり

「他者との関わり」とは、「学習材との関わり」により得たものや、これまでの知識や経験をもとに他者と双方向的に関わり、自分の考えを広げたり、深めたりすることである。これまでの読みの視点や方法を生かした個人読みを通して、自分の考えを構築する。他者と様々な考えを交流し、自分との共通点や相違点を感じることで、新しい気付きが生まれ、自分の考えを修正しながら、再構築し、より自分の考えを明らかなものにしていく。

|手立て| 話し合いの視点を明確にしたり、学びが深まるような子どもの考えをもとにした問い返しをしたりしていく。

3　自己との関わり

「自己との関わり」とは、「学習材との関わり」「他者との関わり」を連続させ、自分の思いを再構築していくことである。「今日は、こんなことが分かった」「○○さんの意見を聞くことで、理解が深まった」「～なことができるようになった」などの伸長感・達成感・満足感を味わえるようにしていく。

|手立て| 学びの成果を実感できるようにするために、個の学びを蓄積できるようにしていく。

○ 「大造じいさんとがん」単元構成・本時について

1 単元目標・評価規準
- 登場人物の相互関係や心情、場面についての描写をとらえ、優れた叙述を味わいながら読むことができる。
- 自分が魅力的だと考える表現をもとに、物語の魅力を紹介し合い、読みを深めることができる。

知識・技能	思考・判断・表現	主体的に学習に取り組む態度
ア 語句と語句との関係、語句の構成や変化について理解し、語彙を豊かにしたり、語感や言葉の使い方に対する感覚を意識して、語や語句を使ったりすることができる。	ア 登場人物の相互関係や心情などについて、描写を基に捉えている。 イ 人物像や物語などの全体像を具体的に想像したり、表現の効果を考えたりしている。	ア 作品の叙述を比較するなどして読み、わかったことや考えたことを話し合ったり、文章にまとめようとしたりしている。

2 単元のポイント

「大造じいさんとガン」は、猟師である大造じいさんと自然の中に生きる鳥、残雪との関わりが、美しい情景描写とともに生き生きと描かれた作品である。色彩豊かな情景の描写や文語調の語り口など表現上の工夫や特徴に着目し、情景描写と人物の心情変化を照らし合わせたり、猟師としてのじいさんの思いや行動に共感したりしながら、優れた叙述を味わえるようにしたい。さらに、作品中の表現の効果等に対して、評価的な視点をもち、自分の考えをまとめながら読んでいきたい。

具体的には、本単元は三次で構成する。

第一次では、小学校第5学年の子どもの書いた「大造じいさんとガン」の書評や椋鳩十本人の言葉を紹介することにより、作品のよさを味わう視点や学びの見通しをもちながら、子ども自身が読みの目的意識をもつための工夫を行う。「なぜ、このような書評を書いたのか」「感動はどこから生まれるのか」と読みの視点を絞ることにより、学びの見通しをもち、その価値を自覚しながら、作品のもつ表現上の工夫に着目し、優れた叙述を味わえるようにする。

第二次では、様々なくらべ読みを行う。作品中の似た表現や場面による描写の違いをくらべたり、最初と最後の変容とその理由等について考えたりすることを通して、表現上の工夫に着目し、その効果についての自分の考えをまとめていけるようにする。

第三次では、優れた表現をもとに、作品の魅力を伝え合う活動を行う。情景描写を含む、自分の魅力的だと思う表現をもとに、グループ内で発表し合い、コメントを伝え合うようにし、自らの学びの成果を実感できるようにしたい。

3 学習指導計画（全8時）

	学習内容	具体的な手立て
1	○「大造じいさんとガン」を読むことについての目的意識をもち、学習計画を立てる。	○子どもの書評を読む。 ○椋鳩十「感動は心の扉を開く」を読むことで、作者が語っている感動は作品のどの部分にあるのかを考えながら目的意識をもって作品を読むことにつなげていく。
2	○「大造じいさんとガン」を読み、構造をとらえる。	○時・場・人物設定などについてまとめる。 ○大造じいさんが残雪をとらえるために行った作戦について捉える。 ○情景描写など、心に残った言葉をまとめる。
3	○大造じいさんの残雪への思いなどを読み、大造じいさんと残雪の立場やこれまでの関係について考える。	○「今年も」と「今年こそ」を比べる。 ○「かりゅうどたち」の記述から、大造じいさんの立場を考える。
4	○1年目と2年目の大造じいさんの行動や場面の情景をくらべ、大造じいさんの気持ちの高まりを読む。	○準備したものや準備にかけた期間を比べる。 ○「秋の日が～」と「あかつきの光が～」を比べ、大造じいさんの気持ちの高まりを考える。 ○「ううむ。」と「ううん。」をくらべる。
5	○3年目の準備や、残雪がえさ場にやってくる様子、大造じいさんの行動や場面の情景を読み、大造じいさんの心情を考える。	○「青くすんだ空」や「東の空が真っ赤に燃えて」と大造じいさんの心情を照らし合わせる。 ○「さあ、いよいよ」の心情が分かる行動や情景描写を見つけ、その様子を考える。
6 [本時]	○「再びじゅうをおろしてしまいました」前後の行動や言葉、情景描写とくらべながら読むことで、大造じいさんの残雪に対する思いの変化を考える。	○大造じいさんの思いの高まりについて、想像する。 ○大造じいさんが銃をおろしてしまった理由・ただの鳥に対しているような気がしなかった理由を考える。
7	○大造じいさんが残雪を放す場面を読み、大造じいさんの残雪への思いについて考える。	○「小屋」と「おり」をくらべる。 ○「らんまんとさいたすももの花が～」「花の下に立って～」の叙述の意味と効果について考える。
8	○椋鳩十の諸作品を読み、「大造じいさんとがん」とくらべる。	○椋鳩十「感動は心の扉を開く」で作者が語っている作品の感動するところや、椋鳩十の諸作品と「大造じいさんとがん」との共通点や相違点について考える。 ○お気に入りの作品を選び、書評を書く。

4 本時の目標（第6時）

(1) 本時の目標

「再びじゅうをおろしてしまいました」前後の行動や言葉、情景描写とくらべながら読むことで、大造じいさんの残雪に対する思いの変化を読むことができる。

（2）目標を達成するための手立て

- 前時までの場面で、大造じいさんが、残雪に対してどのように思っていたのかを想起させることで、本時の場面とのズレを認識できるようにする。本時の課題とのつながり・見通しをもたせる。
- 前時までの場面、大造じいさんの行動や言葉、情景描写と比較しながら読むことで、大造じいさんの思いの高まりと、大造じいさんの思いの変化について考えさせる。
- 銃をおろした理由を深めるために、「おろしてしまった」と「おろした」の比較、「がん」と「はやぶさ」の関係性を問い返していく。
- 物語の描写や友達の発言を根拠に、ただの鳥に対しているような気がしなかった理由を考える。

5　本時の板書

◇板書の説明

◎「なぜ、いよいよなのだろうか？」（補助発問）

「これから戦いが始まるな」「自信がある」「わくわく・ドキドキしている」「何年もかけて準備してきたのだから気持ちが高まってきている」など、大造じいさんの思いの高まりについての発言を板書に位置付けた。また、「青くすんだ空」「東の空が真っ赤に燃えて」のような情景描写をもとに、大造じいさんの思いの高まりについて考えた発言が出されたことから中心発問に自然と繋げることができた。

◎「ここまで、大造じいさんの思いが高まっているのに、なぜ、再びじゅうをおろしてしまったのか？」（中心発問）

「ひきょうなやりかたでやりたくない」「正々堂々ときっちり勝負をつけたい」「仲間を助けようとした姿に感動した」など、今まで学習した場面と関連付けながら、発言を板書に位置付けた。

◎「残雪をうてるチャンスがあったのに、本当にこれでよかったのだろうか？」（問い返し発問）

「がんにとっては、はやぶさは天敵である」「残雪にとって、はやぶさは自分より強い存在である」など、残雪とはやぶさの関係性に目を向ける発言が見られた。また、「残雪が、自分よりも強いはやぶさに向かって立ち向かった姿を見て、大造じいさんは心を打たれたからこれでよかった」などの意見を板書に位置付けた。さらに、

「ただの鳥に対しているような気がしなかった」というような大造じいさんの残雪に対する見方・考え方の変化に関する発言を取り上げ、全体の変容を考える発問へと繋げていった。

◎「大造じいさんが、ただの鳥に対しているような気がしなかったのは、どうしてだろうか？」（全体の変容を考える発問）

「残りの力をふりしぼって、ぐっと長い首を持ち上げていたから」「じいさんを正面からにらみつけるなど、鳥とはいえ、いかにも頭領らしい、堂々たる態度だったから」「頭領としてのいげんをきずつけまいと努力しているようで、強く心を打たれたから」「今まで

のいまいましい気持ちがなくなったから」などのような、残雪に対する見方・考え方の変容に関する意見が出された。

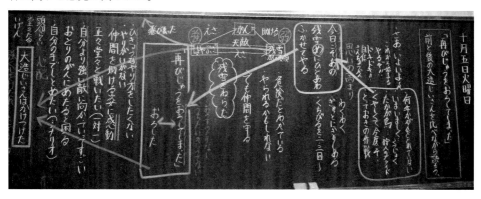

6　本時の展開

過程	学習活動	教師の働きかけ
導入・課題把握	○前時までの場面で、大造じいさんが残雪に対して、どのように思っていたのかについて想起する。 ○本時の課題をつかむ。 「再びじゅうをおろしてしまった」前と後の大造じいさんを比べながら読もう。	○前時までの場面で、大造じいさんが、残雪に対してどのように思っていたのかを想起させることで、本時の場面との違いを認識することができるようにする。（前時までの場面との比較）
展開・課題追求	○大造じいさんの思いの高まりを想像する。 ・大造じいさんの行動や言葉、情景描写に注目する。 ○大造じいさんが、じゅうをおろしてしまった理由について考える。 ・「おろしてしまった」と「おろした」を比べる。 ・「がん（残雪）」と「はやぶさ」の関係性を考える。 ○大造じいさんが、ただの鳥に対しているような気がしなかった理由を考える。	○前時までの場面、大造じいさんの行動や言葉、情景描写と比較しながら読むことで、大造じいさんの思いの高まりと、大造じいさんの思いの変化について考えさせる。じゅうをおろした理由を深めるために、「おろしてしまった」と「おろした」の比較、「がん」と「はやぶさ」の関係性を問い直していく。
整理・定着	○学習課題を振り返り、自分なりの考えを整理して、ノートに記述する。 ○次時の学習を確認する。 【評価規準】 「再びじゅうをおろしてしまいました」前後の行動や言葉、情景描写と比べながら読むことで、大造じいさんの残雪に対する思いの変化を読むことができる。	○「再びじゅうをおろしてしまいました」前後の行動や言葉、情景描写と比べながら読むことで、「今まで、大造じいさんは残雪に対して〜」の書き出しで、大造じいさんの残雪への思いの変化をとらえて記述する。 ○大造じいさんの残雪への思いの変化をとらえている記述を取り上げ紹介することで、次時への意欲付けをさせたりする。

7 本時のポイント

(1) 導入・課題把握

　前時までの場面で、大造じいさんが、残雪に対してどのように思っていたのかを想起させることで、本時の場面との違いを認識させていく。具体的には、前時までの場面では、大造じいさんは、残雪のことを「いまいましい」「何とかつかまえたい」と思っていた。本時の場面では「強く心を打たれた」「ただの鳥に対しているような気がしなかった」というような大造じいさんの思いの変化や、「再びじゅうをおろしてしまった」という行動に着目することができるなど、今までの場面との違いを認識することで、クライマックスの場面を読み深めていこうという必要感や見通しをもたせていく。前時までの場面との違いを認識させるということがポイントになる。

(2) 展開・課題追究

　「大造じいさん」の思いの高まりを表した文や言葉について考えさせていく。「なぜ、いよいよ」と書いているのかという補助発問をする。「早く戦いたい」「自信がある」「わくわくしている」「何年もかけて準備してきたのだから気持ちが高まってきている」など、大造じいさんの思いの高まりについての発言が多数あった。また、「青くすんだ空」「東の空が真っ赤に燃えて」のような情景描写をもとに、大造じいさんの思いの高まりについて考えた発言が出されたことから前時までの内容とのつながりも見られた。「ここまで、大造じいさんの思いが高まっているのに、なぜ、再びじゅうをおろしてしまったのか」と発問した。「ひきょうなやりかたでやりたくない」「正々堂々ときっちり勝負をつけたい」「仲間を助けようとした姿に感動した」など、今まで学習した場面と関連付けながら、意見を交流し合うことができる。「残雪をうてるチャンスがあったのに、本当にこれでよかったの？」と問い返すことで、残雪とはやぶさの関係性に目を向ける発言が見られる。残雪とはやぶさの関係性をとらえることで、話合いに深まりが出る。「じゅうをおろしてしまいました」と「じゅうをおろしました」の違いを考えさせることも大切である。

(3) 整理・定着

　「今まで、大造じいさんは残雪に対して〜」と自己評価の書き出しを指定した。書き出しを指定することで、ほとんどの子どもたちが、「大造じいさんの残雪への思いの変化」について記述することができる。国語を苦手としている子どもたちのノートを見ても、自由記述の時とくらべて、記述することができていた。ある程度の力が付くまで、書き出しを指定するなどの手立ても有効であったと考える。

注文の多い料理店（東京書籍）
単元名 物語のよさを解説しよう
高知大学教育学部附属小学校　田中元康

◇対話成立の条件

1　対話成立のための条件

対話には成立するための条件があると考える、それを以下に整理する。

対話するための目的の設定
- 対話をしたくなる、または、対話が必要な課題が設定されているか。そして、その対話はなぜする必要があるのかということを子どもが分かっているか。

対話をするための子どもの準備
- 子どもが対話に臨むとき、話をするものが一部で、ほかの子どもが聞き役にならないように、一人ひとりができるだけ対話をする準備ができているか。

対話するための学級の風土
- 対話ができるためには、互いの意見を最後まで聞くことや、相手の話に反応することがよいと思うような風土ができているか。

　対話の目的、子どもの準備、学級の風土がなければ対話の活動を授業の中に取り入れることは難しいと感じる。子どもが二人組や少人数で話合いの場をもったとしても、話すのは一部であって、残りの子どもはひたすらその話を聞き続けているというのでは意味がない。また、意見をただ出し合うの話合いでは対話ではない。対話をすることによって、新たなものが生み出されたり、元々出されていたものへの新たな根拠が見出されたりして、強化されるようになるべきである。そうすると、子どもは対話することを楽しいと感じることができる。

　そうなるために、対話の目的を活動の中心となるべき子ども自身が分かっていることが必要となる。対話をすることで何を生み出すのか、どのようなテーマで対話をするかなど、子どもにとって活動の必要感を感じられるようにするべきである。例えば、対話をすることで、単元のゴールにどのようなつながるのかを示すことや、子どもにとってやってみたくなる対話のテーマを示すことが必要である。

　また、対話の材料（自分の考え）となるものを個々の子どもがもっていることも重要である。自分の考えがあるからこそ、伝えたいという思いに支えられて対話に臨むことができるようになる。いきなり教師から「話し合ってごらん」と丸投げされるのではなく、「自分の考えを短くでもよいから一度ノートに書いてみて。理由がある人はそれも書くとよいね」と自分の考えをもつ時間をとることが望ましい。

　そして、風土は日々の時間をかけて育むべき事柄である。学級には、積極的に発言

する子どももいれば、黙っている方が多い子どももいる。でも、黙っている子どもが発言したくないと思っているかといえば必ずしもそうとは言えない。積極的に発言する子どもを横目で見ながら、「あんなふうに自分も……」と思っていることが往々にしてあるのではないか。だからこそ、日ごろ黙っている子どもが発言したときには、その発言したことを褒めるだけではなく、周りでその発言に対して、うなずくことや「それについて」と発言することなどを認める働きかけをするべきである。そうすることで、最初に発言した子どもに「あなたの発言を聞いてくれている人がこの学級にはいる」ということを意識させるようにする。こうした取り組みを日常において積み重ねることで、子どもたちは友だちの発言を聞き、反応することがよいという共通の価値観をもつようになる。この価値観が定着すると、考えを認め合える学級の風土ができ、対話の場において考えを友達に出すことをためらわない雰囲気ができるようになる。

○ 「物語を読むこと」における対話

　物語を学習材とする授業において、大前提なのは、その作品を読み、書かれていることを基に子どもが思考することである。平成29年に示された新学習指導要領では、高学年の国語科の「C読むこと」（文学的な文章）において

○構造と内容の把握
イ　登場人物の相互関係や心情などについて、描写を基に捉えること。
○精査・解釈
エ　人物像や物語などの全体像を具体的に想像したり、表現の効果を考えたりすること。
○考えの形成
オ　文章を読んで理解したことに基づいて、自分の考えをまとめること。
○共有
カ　文章を読んでまとめた意見や感想を共有し、自分の考えを広げること。

と指導することが示されている。無目的に登場人物の心情を想像することだけ行っても、子どもがその作品に対して興味をもつとは考えにくい。しかしながら、描写をもとに、登場人物の心情を想像するという手がかりから想像するという思考の経験ができるならば、「なるほど、そう読めるんだ」と新たな発見が子どものうちに生まれ、楽しいという思いをもつようになる。また、作品の表現の効果に着目させることも作品を楽しいと感じることにもつながる。

　作品と出合ったとき、子どもは必ずしも友達と対話したいと考えていないのではと思っている。なぜなら、子どもは、言葉を生活する上で使っており、何となく聞いていたとしても、自分が使っている"ことば"と同じものが聞こえているだけであって、何か目的が

注文の多い料理店（東京書籍）

ない限り、"ことば"を厳密に聞き取ろうとは思っていないからである。だからこそ、国語科は"ことば"が流れていると思うのではなく、言葉としてキャッチし、その意味を正確に理解したり、発信したりする力を身に付けさせるという役割を担わなければならない。そのために、メタ認知を働かせて言葉と向き合うことを目指す。メタ認知を働かせるということは、メタ認知行動（モニタリングとコントロール）とメタ認知的知識（方略）を総合的に働かせているということであり、言いかえると、問題解決の過程において、自分の遂行状況を見取り、よりよい方向に進めている姿と押さえる。

例えば、学習対象となる文学的な文章の書かれている内容を理解する際に、自分の解釈だけではなく、対話において周りの友達の考えも聞こうと、モニタリングとコントロールを行ったり、友達の考えを正確に聞き取ろうとメモをするといった方略を用いたりする姿である。こうしたメタ認知を働かせていくことにより、子どもは友達の考えが分かった、自分の考えが伝わったというという達成感や、友だちと話し合って解決する一体感、連帯感を感じることができる。言いかえるならば、国語科の見方・考え方を働かせながら、知的な深まりを感じている姿であり、それらは必ず心地よい思いを子どもにもたらせるようになる。この作品の描写の価値を感じながら言葉を理解し、発信することで物語を読むことを楽しむようになると考える。

ではどのように物語を楽しむ対話をするべきか、その具体を述べていく。

1 読みの心構えをもたせる
―書かれていることを読む、書かれていないことも読む―

読む力を向上させたいという思いをもっている。子どもによっては、物語を読んでいる際、その場面に書かれている登場人物の様子は読むことができるのだが、そこから類推できるはずの登場人物同士の関係は読むことができていない、また、人物像を想像するといった自分の考えを求められる問いに対して答えようとしない、そんな姿が多く見られる。今、目の前にいる子どもたちに付けなければならない読むことについての力として、「書かれていることから、より具体的に自分なりのイメージをもつ力」だと考える。それは、物語を読むことで、単に感想をもつだけにとどまらず、登場人物の姿や表情を想像することや、場面での位置関係（存在している距離）など、その情景を具体的にイメージすることができる力なのである。

2 作品の出来事の流れをしっかりと把握する。描写をしっかりと読む

東京書籍の指導書では、「物語のよさを解説しよう－注文の多い料理店－」の指導配当時間は10時間である。その指導計画はおおよそ、以下のように示されている。

1　学習の見通しを立てる。（1時間）
2　現実世界と不思議な世界という構成と、出来事の流れを押さえる。（5時間）
3　物語を面白くしている表現の工夫を探し、解説する文章にまとめる。（3時間）
4　物語の構成を捉え、表現の工夫を解説する文章が書くについて振り返る。（1時間）

この計画では、注文の多い料理店そのものを読み解く時間は、6時間程度である。おそらく、事前に家庭などで読んでおくことが前提とされているように思われる。しかし、それでは対話をしようと思っても、ついてこられない子どもが出ることも予想される。
　そこで以下のような新たな指導計画を立て直した。

> 1　学習の見通しを立てる。通読する。（1時間）
> 2　出来事や現実世界と不思議な世界という構成を確かめ、物語の出来事の流れを押さえる。（6時間）
> 　・出来事や扉の言葉を話の流れに沿って正しく並べる。
> 　・○×クイズを行って、話の内容を正確に読む。
> 　☆1：二人の紳士が山猫軒に入った理由を対話する。
> 　☆2：扉の言葉を基に山猫の考えを読む対話をする。
> 　☆3：山猫は二人の紳士を食べるつもりだったのかを対話する。
> 　☆4：二人の紳士はなぜ山猫軒に誘い込まれるよう選ばれたのか、また、最後に反省したのかを対話する。
> 3　☆1〜4をもとに、物語の表現の工夫を探し、見つけたことを解説する文章にまとめる。（2時間）
> 4　物語の構成をとらえ、物語の表現の工夫を解説する文章が書くことができたか、書いたものを読み合い、振り返る。（1時間）

　第1時での単元のゴールをつかむ時間では、以前に解説を書いた子どもの作品を見せる等をして、単元のゴールをイメージさせ、単元の活動への見通しをもたせる。そうして時間をかけないようにして、難語句や新出漢字に線を引かせて、記述に向かわせる。
　また、第2・3時では、下のような扉の言葉を並べることや○×問題、ダウト問題を解かせるなどして、子どもが作品を再度読むことができるようにする。この問題は教師から出すだけではなく、既に読み込むことができている子どもにつくらせるようにすると、ほかの子どもも問題を出したいという思いが膨らみ、作品に向かうようになる。

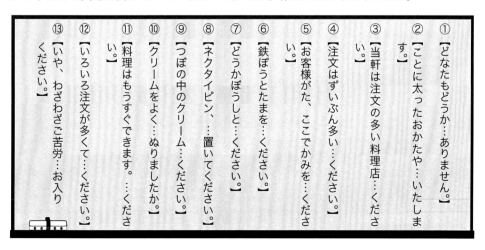

注文の多い料理店（東京書籍）

3　対話を取り入れた授業の実際

指導計画の四つのテーマで対話する。
　☆１：二人の紳士が山猫軒に入った理由
　☆２：扉の言葉から読み取れる山猫の考え
　☆３：山猫は二人の紳士を食べるつもりだったのか
　☆４：紳士はなぜ選ばれたのか、また、最後に反省したのか

この四つで対話する際は、描写を根拠とした対話を仕組むことで、三次の解説する文章を書くことにつながると、子どもたちに伝えておく。また、対話においては、【テーマについての自分の考えを短く書く（個人）】⇒【対話する（ペア、少人数対話）】⇒【途中で自分の考えを再度書く（個人）】⇒【対話する（全体対話）】⇒【まとめる・振り返る（個人）】、という流れで行うことを基本とする。

（1）　二人の紳士が山猫軒に入った理由（対立型で新たな考えを見出す対話）

【テーマについての自分の考えを短く書く（個人）】…「なぜ二人の紳士は山猫軒に入ったのか」と投げかけ、その理由を短く書かせる。そうすると、Ａの意見：「おなかがすいていたから」「道に迷っていたから」といった記述を根拠とした理由が出される。ところがその中で、「看板があったから」といった紳士の事情以外の理由（Ｂの意見）があったのではという考えも出る場合がある（でなければ教師から「紳士の理由以外はないのかな」と投げかけるのも可）。

【対話する（ペア、少人数対話）】…Ａ：「おなかがすいた・道に迷った」とＢ：「それ以外」のグループに分かれて、グループごとに根拠となる描写を探す対話をさせる。ここでは同じ考えのグループ同士なので、対立を期待しているわけではない。教科書などに線を引かせるなどしていく。ここでは、線を引きながら、説明をしていたり、「どうしてそこに線を引くの？」と尋ねたりしているグループを評価する。

【途中での自分の考えを再度書く（個人）】…話合いが、ひと段落ついたころ（5～8分）で、再度、今の考えをノートに書かせる。こうした場をとることは、話し合いで聞く一方になっている子どもへの支援の意味もある。また、その前の対話（ペア、少人数）が出し合いで終わることが多い場合は、Ａには「空腹じゃなかったら紳士たちは山猫軒に入ろうと思ったのかな？」、Ｂには「もし、山猫軒が西洋造りでなかったとしたら紳士は入ろうと思ったのかな」とゆさぶる発問をしておくことも、後の対話を子どもがすすんで臨もうとするための手立てとして考えられる。

【対話する（全体対話）】…全体対話ではＡ・Ｂ側双方に、「…と書いているからAorB」と言わせていく。そうして、出し合った後、それぞれの意見のグループに対して、空腹、道に迷うだけでなく、山猫の工夫（紳士の好みの看板、レストランの外見）もあったことを確認し、みんなで対話したことにより、新たな発見(読み)ができたことを評価していく。

　【まとめる・振り返る（個人）】…まとめでは、「紳士の理由」「山猫の工夫」という用語を使うとよいことをアドバイスとして行う。また、振り返りでは、書くことで困っている子どもには、「最初は○○と考えていた」という書きだしを示すようにする。

(2) 扉の言葉から読み取れる山猫の考え（分類型で山猫の考えを読み取る対話）

　扉の言葉は全部で13ある。扉の表裏に言葉があり、扉は7枚あることになる。扉の言葉の数の意味は子どもたちに共通理解させておきたい。つまり扉の言葉が奇数であるということは、最後の扉（7枚目）の裏を紳士は見ていないということである。その上で、「山猫は扉の言葉を使って紳士を奥へと進ませたのだけれど、うまく工夫しているよね。種類に分けることができると、山猫の工夫が分かるよ」と対話のテーマを示す。子どもたちの実態に応じて、「四つに分ける」と数を示す方法もある。そうして、

- 料理店に入れる　　　　　…①～④
- 邪魔なものをのけさせる　…⑤～⑧
- 料理の準備　　　　　　　…⑨～⑫
- 仕上げ　　　　　　　　　…⑬

という分類にまとめていく。（準備と仕上げは同じにしてもよい）。

(3) 山猫は二人の紳士を食べるつもりだったのか（対立型でオープンの対話）

　経験上であるが、このテーマは研究授業で最も取り上げる確率が多いものではないだろうか。ただ、食べるつもりだった、脅かすだけだった、どちらともとれるような描写がある。料理方法の具体を挙げており、おなかにどうぞという扉の言葉から食べようと思っているという考えが出たり、白い犬が生きていたこと、最後の顔がくしゃくしゃの紙屑のようになったことから脅かすだけだったという考えが出たりする。ここでは、オープンの対話なので、どちらかに統一するのではなく、自分の考えが最初の考えより揺れたり、広がったりしたことを評価するようにする。

(4) 紳士はなぜ選ばれたのか、また、最後に反省したのか（知識獲得型でオープンの対話）

　このテーマは、「注文の多い料理店」が現実世界と空想世界を中心人物が行き来するというファンタジーの構造を捉える目的で行う。ファンタジーの特色は、特別の人物が現実・空想世界を行き来すること、行き来には合図があることを知らせる。そうすること、この話にはその特色が見ごとに当てはまることが分かる。また、既習の「ゆうすげ村の小さな旅館」（東京書籍三上）と比較させる方法もある。

　紳士が最後に反省したのかについては、意見が分かれるところでもある。最後に山鳥を買っているが、「十円**だけ**」という描写の意味を話し合わせると意見が出そうである。

　こうした対話を通すことで、「注文の多い料理店」の描写に着目し、作品の特色を基にした解説文を書くことができる。ただそのためには、教師がゆさぶる、メタ認知を発揮させるなどの働きかけをすることが必ず必要なことを最後に確認しておきたい。

5年 [説明文]

まんがの方法（教育出版）

単元名 筆者の考えをとらえ、まんがに対する考えを文章に表そう

東京都・町田市立鶴間小学校　三浦　剛

◆対話成立の条件

1　対話が〈成立〉するとき

　学習者にとってどのような条件が揃ったとき、対話は〈成立〉するのだろうか。対話は、「他者と向き合い、自らの思いや考えを伝えつつも、向かい合う他者の思いや考えを受けとめ、自己更新していく過程」であると考える。「自己更新」とは、自らを高めていくことを意味している。つまり、これまで気付かなかった発見があったり、自分にはなかった見方をもつことができるようになったりするといった〈価値〉を見出した時、初めて対話は〈成立〉する。そうした〈価値〉を生み出し得ない対話は、"会話"で終わってしまっていると言っても過言ではない。

　では、対話を〈成立〉させるには、学習者にどのような場を提供することが必要なのだろうか。他者との話し合いを通して自分にはなかったものを得ることができるような対話を生み出すためには、以下のような場を整えることが重要である。

他者の考えとの間にズレを生み出し、意見を交流する〈必然性〉を引き出す

　自分がもった考えと、相手がもった考えとの間に違いが生じ、自分にはない観点が相手の考えの中にあることを知れば、その内容を「聞きたい！」と思う気持ちが生まれるはずである。そうした他者の意見に耳を傾けたいと思う欲求こそ、〈必然性〉であり、〈必然性〉を引き出す上で鍵を握る要件が、「他者の考えとの間にズレを生み出すこと」である。

　では、「読むこと」の領域において、他者との考えの間にズレを生み出し、意見を交流する〈必然性〉を引き出せるようにするためには、どのような工夫が求められるのだろう。

2　「読むこと」における対話成立の要件

　他者との考えの間にズレを引き起こすために重要なことは、どのような学習課題を与えるかである。思考の活性を促す刺激的な問いを与えることができれば、「自分はこう考える」「私はこう思う」といった〈自分事〉として考えようとする契機を生むことができる。〈自分事〉として考えることができれば、周囲の仲間が、どのような考えをもったのかが気になる。気になるからこそ、その話の内容に耳を傾けようとするはずである。そして、交流場面において、他者との考えの間にズレが生じていれば、その間隙を埋めるために、対話が生まれる。そして、その考えの差異を共有し、

新たな気付きや発見を得ることで、深い学びが導き出される。「読むこと」における対話成立の要件は、「学習課題」の〈質〉にあると言ってよいだろう。

1　「読むこと」の授業における問題点

　対話を成立させ、充実した交流の場をもつ上で、「読むこと」の授業において、どのような問題が存在しているかを考えていきたい。

　国語の時間で多くを占めるのが「読むこと」の授業であり、その目的の中心に据えられるのは、子どもの「読みの力」を高めることである。しかし、国語は「教科内容」があいまいになりがちであるという実態からか、一単位時間の授業の中で、教えるべき指導項目がはっきりとしないという現状がある。また、発達段階（学年）に応じて、どのような読みの力を身に付けさせていくかが、つかみづらいという問題も横たわっている。このような「何を教えればよいかが分からない」という問題は、深刻な課題として現場の実践感覚に強く居ついている。こうした指導上の課題を打破するための提案は、筑波大学附属小学校国語教育研究部（2016）に詳しい。

　そしてもう一つ、大きな関心として挙げられるのが、「どう教えればよいかが分からない」という問題である。たとえ「ねらい」とする指導項目がはっきりしたとしても、それを効果的に教えるための手立てが見出せないという問題がある。例えば、5年生の説明文教材を用いて要約指導を行うとする。ほとんどの場合、「要約とは？」と用語の意味を説明し、「やってみよう！」と投げかけ、活動に入るという流れになりがちである。また、「事実と意見をとらえる」という目標を「指導のねらい」として位置付けた場合、教師が「事実とは……」「意見とは……」と解説し、本文の中から見つけ出すように促すといった流れで授業を行うケースが多いのではないだろうか。

　ここで問題なのは、教師の〈教えたいこと〉が、子どもの〈学びたいこと〉に転化していないという点である。ただ単純に「要約」という用語や「事実とは……」「意見とは……」から始まる解説が、教師の文脈で押し付けられているだけで、〈子どものもの〉になり得ていないのである。教師の〈教えたいこと〉を、子どもの〈学びたいこと〉に転化させ、学習者である子どもが、主体的に学び取ろうとするための意識を引き出すことが重要なのである。つまり、〈学びの必然性〉を引き出し、子どもが自ら学ぼうとする欲求を導き出すことこそが、充実した学びを紡ぐ上で欠かせない要件となるのである。

2　「読むこと」の授業デザイン

　では、教師の〈教えたいこと（教師の願い）〉を子どもの〈学びたいこと（子どもの願い）〉に転化させ、〈学びの必然性〉を引き出すためには、どのような手立てが必要になるのだろう。まずもって重要なことは、子どもの実態を把握することである。実態把握なく

して授業は成り立たない。目の前にいる子どもにどのような力が不足していて、何を身に付けさせるべきなのかを見極めることが重要である。その上で、「指導のねらい」を明確にすることが求められる。何を教えるのかという「指導のねらい」がはっきりしなければ、子どもに身に付けさせたい「読みの力」をはっきり見出すことはできない。

しかし、その際に注意すべき点は、当該教材にそなわる「教材の特性」が何なのかを見出すという点である。つまり、「指導のねらい」と「教材の特性」を結び付けながら教材研究をすることが求められるのである。

また、考える場を充実させ、思考の活性を促すには、「学習の工夫」をどう施すかが鍵を握る。「学習の工夫」は、三つの領域に分けられる。一つ目に、「学習課題」。これは、子どもに何を問うかを考えることを指しており、「発問」という言葉に置き換えて考えることもできる。二つ目に「学習活動」。どのような活動をどの段階に位置付けるかを考えることも欠かせない。そして、三つ目に「学習形態」。どのような活動を、どのような形態で行うかを明確にすることで、授業をより精細にデザインすることができる。以上に示した内容を図式化すると以下のようになるだろう。

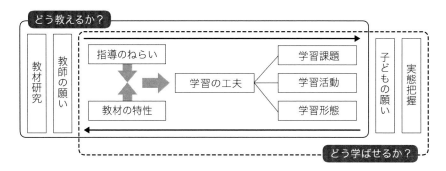

以上に示したように、「学習課題」「学習活動」「学習形態」の三者を関連付けて「学習の工夫」を実現していくことが求められるが、最も重要視すべき点は、「学習課題」である。前述の通り、「学習課題」は、「発問」という言葉に置き換えて考えることができる。つまり、どのような発問を投げかければ、よりよい授業をつくることができるかを考えることが重要である。「学習活動」や「学習形態」は、「学習課題」を踏まえて、無理なく考えられるよう、場を整えるために必要な要素としてとらえられる。場合によっては、「学習活動」や「学習形態」が先に決まり、それに付随する形で「学習課題」を設定することもあるが、子どもに思考する場を与え、充実した学習の場を築いていくためには、「学習課題（発問）」をどのように設定するかを考えることが第一要件となる。

3　学習課題と対話の契機

先述の通り、「読むこと」における対話成立の要件は、学習課題の〈質〉にある。学習課題の〈質〉を高められるかどうかで、対話の契機を生み出せるか否かが決まるのであ

る。では、どのような工夫を施せば、学習課題の〈質〉を高め、対話の契機を生み出すことができるのだろうか。対話の契機を生み出す工夫の要諦は、「思考のズレ」を引き出すことにある。同じ学習課題が与えられても、自分が考えていることと、相手が考えていることが異なれば、そこに対話は生じる。しかし、それが、"形式的な意見交流"ではなく"本気の話合い"になっているかが、肝心な所である。"本気の話合い"になっていなければ、それは「対話」とは言えない。そのために重要なことは、〈学びの必然性〉を喚起する問いを投げかけることである。〈学びの必然性〉を喚起することができれば、〈自分事〉として考えることができる。そして、対話を生み出す契機につながるのである。結局のところ、子どもの「考えたい！」「学びたい！」という意欲を喚起する授業を展開することが、対話の契機を生み出すことにつながるのである。対話の契機を生み出すまでの流れを図式化すれば、以下のようになるだろう。

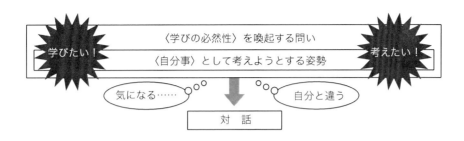

4 「教材の特性」と「指導のねらい」

本教材は、「まんがに特有の、共通した表現方法」を紹介することで、漫画がもつ面白さについて述べた説明文である。本教材の特性は、以下の５点にまとめることができる。

①読み手の興味を引き付ける内容で、「まんがの方法」に特化した内容になっている。
②それぞれに「方法」と「挿絵」が対応する形で説明されている。
③海外でも通じるものであることを示すことで、表現方法の汎用性を強調している。
④最終段落に筆者の主張が示された尾括型の説明文になっている。
⑤漫画を表現するのに必要な方法と、より面白くするのに必要な方法が混在している。

本教材の一番の特性は、読み手の興味をひく内容になっているという点であるだろう。だからこそ、その興味を持続させ、「まんがの方法」の面白さを紐解いていけるような読みの過程を用意することが必要である。また、これまでにもっていた漫画のイメージや、漫画がもつ面白さなど、自分の中にある経験と比べながら読むことを大切にしたい。

こうした「教材の特性」を「指導のねらい」と繋ぎ合せたものを以下に示す。

> ①読み手の興味を引き付ける内容で、「まんがの方法」に特化した内容になっている。
> ▶筆者の考えを汲み取り、反応を促す。【「批評」系列】
> ②それぞれに「方法」と「挿絵」が対応する形で説明されている。
>   ▶挿入されている「挿絵」と対応させながら読む。【「説明文の表現技法」系列】
> ③海外でも通じるものであることを示すことで、表現方法の汎用性を強調している。
>   ▶15段落で海外でも通用している例を示すことの意義を考える。【「批評」系列】
> ④漫画を表現するのに必要な方法と、より面白くするのに必要な方法が混在している。
>   ▶書かれていない情報にまで関心を広げて読む。【「批評」系列】
> ⑤最終段落に筆者の主張が示された尾括型の説明文になっている。
>   ▶16段落で示されている筆者の主張に反応する。【「文章の構成」系列／「批評」系列】
>   ※【系列】の詳細は、筑波大学附属小学校国語教育研究部（2016）を参照。

5　単元の授業設計（全6時）

	学習活動
第一次	**筆者の考えに対する自分の考えをもとう** ①本文を読み、五つの感じ方をもとに、筆者の考えに反応する。【特性①】 ▶漫画の面白さは、どんな所にあるかを考え、意見を交流する。 ▶「まんがの方法」という題名から、どのような内容が書かれているか予想する。 ▶本文を読んだ後に、次の五つの中から自分の感じ方に最も合うものを選ぶ。 Aたしかに！／Bなるほど！／Cへぇー！／Dうーん…そうかな？／Eえーあんまり…。
第二次	**内容を捉え、考えたことを交流しよう** ②挿絵を活用しながら、どのような「方法」があったのかを確認する。【特性②】 ▶「まんがの方法」がいくつ書かれていたのかを考える。 ▶挿絵と対応させて考えると効果的であることを確認し、七つの方法を取り出す。 ※「コマ方法」など、方法に名前を付けながら共通理解が図れるとよい。 ▶最後の挿絵が方法を紹介するものでないことを確認し、疑問を投げかける。 ③15段落の必要性を考え、話し合い、筆者の意図を探る。【特性③】 ▶前時に挙げた疑問を確認し、題名や本文の内容をもとに15段落を確認する。 ▶15段落は「あった方がよい」「なくてもよい」のどちらかを選んで意見を交流する。 ▶なぜ15段落を入れたのか、筆者の意図を考える。 ④どの方法を選ぶかを考え、書かれていない情報にも目を向ける。【特性④】 ▶"もしも自分が漫画家だったら……"という設定を与える。 ▶自分が漫画家として描く際、3つの方法を選ぶとすれば、どれにするかを考える。 ▶意見を交流し、気付いたことを整理する中で、「まんがを表現するのに必要な方法」と「まんがをより面白くするのに必要な方法」に分けられる

第二次	ことを確認する。 ⑤筆者の主張を確認し、5段階の納得度で自分の考えを表現する。【特性⑤】 ▶筆者が最も伝えたいことを確認し、本文が尾括型であることを確認する。 ▶16段落の主張に対する納得度を5段階で表現する。
第三次	**自分の考えをまとめよう** ⑥読み取ったことをもとにしながら、漫画に対する考えを文章に表す。 ▶「まんがの方法」を読む前後で、自分の考えが変化したかを考える。 ▶漫画に対する考えを文章にまとめる。

※波線部分は、対話を生み出すポイントとなる活動や問いを表している。

6 対話を生む授業のポイント

　対話の契機が生まれる瞬間は、「思考のズレ」が生じたときである。
　第1時であれば、初読の後にどの反応を選ぶかで違いが出る。なぜそう考えたのかを話し合う中で、二次につながる読みの意欲を引き出すことができるだろう。
　第2時は、「まんがの方法」がいくつ書かれていたのかを考える際に、明確な違いが出ることが予想される。ゲーム形式で、全員一斉にその数を出すといった工夫を施すことで、より楽しく考える場をつくることができる。
　第3時では、海外でも通用する「まんがの方法」について書かれている段落が必要か否かを考えることで、意見が割れ、活発な議論になることが予想される。しかし、必要か否かを考えた後に、なぜ筆者が15段落を入れたのかについて考える時間をもつことが必要である。筆者の意図を汲み、なぜそのように書いたのかを話し合う中で、より価値的な対話が生まれるだろう。
　第4時では、「もしも自分が漫画家だったら……」という想定で考える場を設ける。自分が漫画家だと仮定して、七つの方法から三つを選ぶとすれば何を選ぶかを考える活動は、子どもの意欲を引き出す上で有効な手立てになるだろう。おそらく多くの子どもが「コマ」と「フキダシ」を選ぶことが予想される。それは、この二つが「まんがを表現するために必要な方法」だからである。意見を交流し、考えを整理していく過程で、多くの発見や気付きが生まれるだろう。
　第5時では、筆者の主張に対する納得度を5段階で表現する。最終的に自分が筆者の考えにどれだけ納得できたのかを表し、その理由を伝え合うことで、価値ある対話が生まれるだろう。また、ここで確認しておきたいのは、第1時で抱いた感じ方から変化があったかどうかである。初読段階とくらべて自分の考えがどのように変化したのかを振り返ることで、より充実した読みが生まれるはずである

【参考文献】
筑波大学附属小学校国語教育研究部編（2016）『筑波発 読みの系統指導で読む力を育てる』東洋館出版社

海の命（光村図書・東京書籍）

単元名 登場人物の関係をとらえ、人物の生き方について話し合おう

東京都・立川市立第六小学校　溝越勇太

◆対話成立の条件

対話には成立するための条件があると考える。それを次のように整理する。

話す・聞く・話し合うためのスキルと人間関係
- クラスにはあたたかい人間関係ができているか。目と耳と心で話が聞けるクラスの風土ができているか。
- 人前で話すことへの抵抗感は強くないか。また、話し合うスキルは身に付いているか。

対話したくなる学習課題
- 子どもが問いをもつような授業になっているか。
- 学習課題は対話したくなるものになっているか。

子どもたちの発言をつなぐ教師の役割
- 子ども同士の発言を教師がつなぐことができているか。
- 消えてしまう音声言語を板書で整理できているか。

　対話をする第一の目的は、学びを深めることである。作品や自分自身、他者と対話しながら学ぶことで、子どもは自分たちで学んだのだという達成感を大きくする。本稿では、他者との対話を中心に述べていく。

　対話成立のためには、あたたかく聞き合えるクラスの風土が土台となる。話したら聞いてくれる友達がいる、仲間と学ぶことが楽しい、分からないと素直に言える、居心地のよいクラスをつくらなければならない。その土台がなければ対話は難しい。また、話す、聞く、話し合うスキルも必要である。授業の中だけではなく、普段から話す、聞く、話し合う楽しいトレーニングをして、授業の中の対話でも自然に使えるようにしたい。

　授業の中での対話のために、最も重要なことは、学習課題が子どもたちにとって必然性があるか、対話したくなるものであるかということだろう。受け身の学習や教師主導の活動では対話は難しい。学習課題で意識したいことは、好奇心と違和感である。

　そのことについて考えてみたい、話し合いたいというわくわく感（好奇心）が生まれるようなしかけ、「えっ？」「どうなんだろう？」「ちがうんじゃないかな？」といったもやもや感（違和感）が生まれる揺さぶりが大切であるように思う。

　さらに、子ども同士の発言をつなぐためには、板書や教師の対応力も重要である。

消えてしまう対話をそのままにしておいてしまっては、対話は難しい。音声言語を板書で整理することで子どもたちは友達の考えと関連させたり、比較したり、分析したりすることができる。子どもの発言を教師が解釈せずに子どもたちに自然に返すことができれば、子ども同士での解釈が始まり、自分たちで気付いた、学んだのだという自信にもつながるだろう。

1　教材について

「海の命」は、少年太一が、父や与吉じいさ、海との関わりの中で、漁師として、人間として大きく成長していく物語である。太一の成長を通して、読み手は生きることや自然との関わり方、命について深く考えることができる。

本作品は語り手が太一の視点に沿って語っている。だが、太一の心情については直接表現されていないところが多い。読み手は叙述をもとにどのような心情の変化があったのかを想像しなければならない。また、海やクエに関する情景描写は大変美しい。情景描写に使われている比喩や擬音語、色彩語、擬人化された表現、海に関する象徴的な表現などに着目することで、太一が体験している海の世界をより深く味わうことができるだろう。

2　この教材で身に付けさせたい資質・能力

知識・技能	物語の展開において重要な言葉や優れた表現に着目し、その効果について考え、自分の読み取りや考えに生かすことができる。
思考力・判断力・表現力等	登場人物の心情や場面についての描写など、優れた叙述を味わいながら読み、自分の考えや感想をもつことができる。
学びに向かう力・人間性等	自分の経験や体験と重ねながら、登場人物のつながりや心情、考え方や生き方を読み取ろうとする。

3　授業づくりの工夫

〈既有知識と関連付ける〉

これまでの学習や子どもたちの生活体験などと関連付けながら、学習をすすめる。「自分だったら」「自分の生活に置き換えると」といった視点で問い返しをすれば、子どもたちは自分に引きつけながら読むことができ、対話も生まれやすくなる。

〈具体的文脈や状況を含んだ学びをデザインする〉

初発の感想で、子どもたちに読みの疑問を書かせ、全員で共有しておく。その疑問を解決するために読みを交流していく、という文脈で学習をすすめる。また、対話することの

楽しさを実感できるようにする。

〈読み方を明示的に指導する〉

　子どもたちが対話で読みを交流する中で、読み方に関する気付きが出てくるはずである。その読み方に名前を付けて価値付けしたり、模造紙などに気付いた読み方を書いたりして道具化していく。

4　単元計画（全7時間）

		読み方	学習活動
第一次	1	作品のおおまかな内容をつかむ	①海の写真や実物（クエやクエをつくもり）を見てイメージを広げる。 ②本文の範読を聞く。（絵本） ③挿し絵を並び替えて、話の展開を理解する。 ④好きな言葉、好きな場面について感想を発表し合う。
第二次	2	作品の設定をとらえる（時、場所、したこと）	①登場人物を確認する。 ②太一の漁の仕方を読み取る。（太一は一本づり漁師？　もぐり漁師？） ③時、場所、太一がしたことを表にまとめる。 ④音読練習をする。
	3	作品の設定をとらえる（人物）	①誰の言葉クイズをする。 ②「誰が一番好き？」について発表し合う。　　　　本時 ③「誰が一番優れた漁師？」について話し合う。 ④登場人物の人物像を自分の言葉で表現する。
	4	表現技法、視点をとらえる	①一・二場面を音読する。 ②色彩語や擬声語、比喩表現の効果について話し合う。 ③視点人物の心情の読み取り方を確認する。 ④視点人物の心情がわかる表現を見つけ、発表する。
	5	中心人物の心情の変化をとらえる	①読み間違い探しクイズをする。 ②「不意に実現した太一の夢は？」について自分の考えをまとめる。 ③「不意に実現した太一の夢は？」について話し合う。 ④太一の夢（はじめの心情）を自分の言葉で表現する。
	6		①太一のはじめの心情を確認する。 ②「なぜ太一は瀬の主を打たなかったのか」について自分の考えをまとめる。 ③「なぜ太一は瀬の主を打たなかったのか」について話し合う。 ④太一の心情の変化を自分の言葉で表現する。
第三次	7	主題をとらえる	①太一の心情の変化を図を使って自分の言葉で説明する。 ②主題の書き方について確認する。 ③自分の言葉で作品の主題を書く。 ④いのちシリーズを読む。 　（「山のいのち」「田んぼのいのち」「木のいのち」「川のいのち」「街のいのち」など）

5 本時の目標（第3時）

「だれが一番優れた漁師？」について話し合うことを通して、会話や行動に着目して登場人物の人物像を読み取り、それを自分の言葉で表現することができる。

6 本時の展開

導入 「はじめにクイズをするよ。だれの言葉でしょう？」

教師	これはだれの言葉でしょう？（海のめぐみだからなあ）
子ども	あー分かった！　おとう！
教師	ピンポ〜ン。じゃあこれは？（千びきに一ぴきでいいんだ）
子ども	与吉じいさでしょー！
教師	じゃあこれは？（無理やり与吉じいさの弟子になった）
子ども	太一！　でも先生それ太一が言ったことじゃない。したこと！

センテンスカードで**だれの言葉クイズ**をすることで、登場人物の**会話文**に楽しく着目できるようにします。また、わざと行動描写も混ぜておき、行動描写にも着目できるようにします。センテンスカードにして黒板に残すことでみんなで**同じ物を見て話し合える**ので、次の展開1・2で対話が生まれやすくなります。センテンスカードを**色分け（会話文は赤　行動描写は青）**しておけば会話文と行動描写がはっきり分かり、終末で「人物像は会話と行動に着目すれば分かる」ことを明示できます。

展開1 「太一、おとう、与吉じいさの中でだれが一番好き？　どうして？」

教師	太一、おとう、与吉じいさの中で**だれが一番好き？**
子ども	おとうが好き。
教師	どうして？
子ども	だって2メートルもある大物を自慢しないってすごいもん！ぼくなら自慢しちゃうなあ。
子ども	わたしは与吉じいさが好き。魚を遊ばせてやりたいなんて優しいよ。

好きな人物について**自由に発言**できるようにします。好きな理由が言えたら「どうし

海の命（光村図書・東京書籍）

て？」と優しく問い返します。誰が好きかという評価読みの問いは誰でも答えられるので、対話が生まれやすいです。このあとの展開2で解釈読みの発問をしてこの初めの評価読みが深まるように意識します。

　共感しながら話を聴き、対話が生まれやすい雰囲気をつくって展開2につなげます。

展開2　「三人の中で一番優れた漁師ってだれだと思う？」

> 教師　　太一、おとう、与吉じいさもみんなすごい漁師なんだね。
> 　　　　**じゃあ、三人の中で一番優れた漁師**ってだれだと思う？
> 子ども　おとう！　だって三人の中で一番の大物をとってるもん！
> （数名がモデル発言）
> 教師　　なるほど。これから全体で話し合うからみんなも考えてみよう。
> 　　　　三人の優れているところ、すごいなって思うところに線を引きながら自分の
> 　　　　考えをまとめてみよう。
> 　　　　　　　　　　　　　　↓5分
> 教師　　じゃあ、みんなの意見を聞かせてくれるかな？
> 子ども　わたしはおとうが一番優れていると思うな。「海のめぐみだからなあ」って
> 　　　　言って不漁の日が続いても態度が変わらないなんてすごいよ。
> 子ども　たしかに。瀬の主にもりをさしたところも漁師としてすごいね
> 子ども　ぼくは太一。たしかにおとうもすごいけど、瀬の主にもりをささないところ
> 　　　　がすごいと思う。海の命だと思えてるんだもん。
> 子ども　太一は大物をとりたい気持ちより海を守る気持ちが強いんだよ。
> 子ども　太一をそこまでの漁師に育てのは与吉じいさだから与吉じいさがすごいよ。
> 子ども　「千びきに一ぴき」の意味を太一に教えてあげたんだもん。
> 　　　　　　　　　　　　　　↓10分

　「どんな人物？」と直接聞いても子どもが答えたくなりません。**話題を対立型にすることで話し合いが活発になる**ように意識します。だれが一番優れているかを決めることが目的ではなく、**登場人物を比較して話し合うことで会話文と行動描写に着目して人物像をとらえられる**ようにしました。三人の優れている点についていろいろな考えが出るので、対話により自分が気付いていなかったそれぞれの人物のよさを学び合うことができます。子どもたちの発言を聞きながら三人の人物像は板書していきます。さらに、子どもたちの発言の中で、人物同士の関係についてもふれられるはずなので合わせて板書していきます。

終末　「自分が一番優れた漁師だと思う人物とその理由をノートに書こう」

> 教師　　太一、おとう、与吉じいさもみんな優れた漁師なんだね。

	こういう**人物の特徴**のことを何といったかな？
子ども	人柄？　人物像？
教師	そうだね。**人柄**とか**人物像**というね。 みんなが発表してくれたように、人物像は何をヒントにすれば分かる？（板書を指さしながら）
子ども	**会話文！**
子ども	**したこと！　行動！**
教師	おお、そうだね。人物像は会話と行動に着目すれば分かるね。 （板書で明示する）
教師	太一、おとう、与吉じいさの**似ているところ**ってどこかな？ （◎印を付けていく）
子ども	3人とも海とか漁が好きだよ。
子ども	海を大切にしようとしているところも似ているよ。
教師	じゃあ太一、おとう、与吉じいさの**違うところ**は？ （▲印を付けていく）
子ども	おとうはもぐり漁師で与吉じいさは一本づり。太一はどっちも。
子ども	おとうは瀬の主にもりをさしたけど、太一はささなかった。 太一は瀬の主を海の命だと思うようにしたよ。
	▼ 5分程度
教師	自分が一番優れた漁師、好きだなと思う人物をノートに書きましょう。理由も書こうね。 「○○が漁師として優れていると思います。××や△△は…だけど○○は〜だからです。」 （数名がモデル発言） この型で書いてもいいですよ。書けた子から先生に見せにおいで。

　人物像の読み取り方を黒板に明示します。人物像の違いが明らかになるよう、板書に「似ているところ◎、ちがうところ▲」で整理しながらマークを加えていきます。
　最後は全員が自分の考えを表現できるように、型を決めてノートに書きます。

【参考文献】
　桂聖（2011）『国語授業のユニバーサルデザイン』東洋館出版社
　奈須正裕（2017）『「資質・能力」と学びのメカニズム』東洋館出版社
　田村学（2018）『深い学び』東洋館出版社
　平野朝久（2017）『はじめに子どもありき』東洋館出版社
　有田和正（2009）『教え上手』サンマーク出版
　拙著（2018）『全員が話したくなる聞きたくなるトークトレーニング60』東洋館出版社

きつねの窓（学校図書・教育出版）

単元名 ファンタジーを楽しもう

神奈川県・小田原市立東富水小学校　小菅克己

◇対話成立の条件

1　対話成立のための条件とは

　近ごろ、どの教科でも「はい、それじゃあ考えてみましょう」という場面で、一人で考えるのではなく、「はい、じゃあ近くの人と話し合ってみましょう」「隣の人と話し合ってみましょう。」と……。これが学び合い、話合い、対話、と勘違いをしている授業をよく見かける。

　対話が成立するためにはどのような条件が必要であろうか。それは、素材と題材（テーマ）であろう。素材が悪くては話にならない。話合いのテーマが悪くては話が続かない。ここでは、国語科の授業が前提となるので素材は問題ないであろう（クリティカルリーディングに最適な教材もあるが）。すると、最も大切なのは話合いのテーマとなる。

　本稿で述べる「対話」は「話すこと、聞くこと」の対話ではない。今回の学習指導要領で言う「主体的・対話的で深い学び」という授業の方法について文部科学省が示唆したフレーズの一構成言語である。すなわち、「主体的な学び」「対話的な学び」「深い学び」の流れの中のワンフレーズであり、単独で言い表せるものでも独り歩きできるものでもない。

　対話を成立させるためには「主体的」になれる課題が重要である。そして「対話的」に解決していく仲間がおり、その対話が完結した時に、友達の様々な考えと自分の考えとの対立、融和の中で「深い学び」が達成される。すなわち、対話の成立のためには、子どもたちの読みから生まれる「共通の課題」（対話するときのテーマ）こそが最も重要である。これは、ディベートの時と同様、議論できるテーマであり、どちらの側にも有利・不利のないテーマであることが重要である。さらには、この子どもたちの読みから生まれた共通のテーマをもとにした「対話」が「深い読み」へとつながっていく。

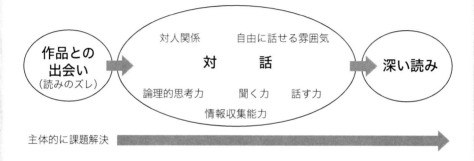

142

2 いろいろな対話

「対話」という言葉だけを切り取ると、数年前、アクティブ・ラーニングという言葉だけを聞いて、「何だ、今までと同じでいいんだ」と誤解されたときのように普段の「バズセッション」や「隣の人と話し合ってみよう」という形式が頭をよぎる。すなわち、かつての学習指導要領で求められてきた「伝え合い」「通じ合い」というコミュニケーション能力としての対話と勘違いをする方がいるかもしれないが、これを目指すものではない。

ただ、「対話」と一言で言ってもいろいろある。作品との出会い、そして友達との対話のための「作品との対話」という概念がある。作品と対峙するために「自分自身と作品の内容（登場人物や出来事）との対話、すなわち「自己内対話」というのもある。読み取ったことについて自分自分の意見をぶつけ合う、または共有し合う「友達との対話」。そして、ときには「教師との対話」もある。

これら様々な「対話」が、共通のテーマについて様々な場面において、単元を通してなされることが今回の「対話」の条件となる。すなわち、共通の課題（テーマ）に向けて様々な対話を通して読み取ってこそ「主体的・対話的で深い学び」につながるのである。

1 教材分析

○ 教材の概要と特性

本教材は、主人公「ぼく」が昔大好きだった女の子のことなんかをとりとめなくぼんやり考えて歩いているうちに、道を一つ曲がると青と白の色彩が基調をなしている不思議な世界に入っていくといったファンタジー作品である。以上の表記（筆者が原文をもとに一文にしているが……）を見ても分かるように、一つひとつの言葉がとても丁寧に情景を表

している。また、比喩表現や対比の表現が巧みに使われ、心情の変化もとらえやすい作品である。「ぼく」の独り語りによって場面が進み、一人称視点で書かれているところがこの作品の大きな特徴である。また、その一つひとつは短いセンテンスで語られ、とても読みやすい。

ただ、子どもたちにとっては、「きつねの窓」という題名や青一色の世界はどことなく不気味で暗いイメージである。読み深めていく中で自然と美しさを感じ、この子ぎつねが化けぎつねではなく、純粋な独りぼっちの可愛い子ぎつねというように共感をもって読み進められるように読みの深化を感じさせていきたい作品である。

そのためには、作品との対話、自己内対話を大切にし、友達との対話の中でそれを体感し、友達の読み、自分自身の読み、それらの複合的な読みを知る中で新たな自己内対話と遭遇することによってファンタジーの面白さ、楽しさを体感させたい。

2　単元構想

1　本単元で身に付けさせたい資質・能力

＜知識・技能＞文の中での語句の係り方や語順、文と文との接続の関係、話や文章の構成や展開、話や文章の種類とその特徴について理解することができる。

＜思考力・判断力・表現力等＞登場人物の相互関係や心情などについて、描写を基に捉えることができる。

＜学びに向かう力・人間性等＞ファンタジーの楽しさ、面白さにふれ、叙述に即して想像をふくらませながら深く楽しく読む中で、読書に興味関心を持ち、親しもうとする。

2　単元名　『ファンタジーを楽しもう』

3　単元の概要

6年生の物語単元というと、とかく主題に迫らねばならない呪縛に襲われる教師が少なくない。本教材は初読の段階では、暗く難しく感じる児童が多い。しかしながら、「空がとてもまぶしい」「みがきあげられた青いガラスのように」「一面、青いききょうの花畑」というように事細やかな描写表現が多く、読み進めていくうちにその美しさに魅せられる。また「ぼく」は、ききょう屋の店員が子ぎつねと知りながらだまされたふりをしてその親をつかまえようと子ぎつねをだます。そして「指なんか染められてたまるかい」と言ったぼくは子ぎつねが作る不思議な窓に映る母ぎつねを見せられ、子ぎつねの話を聞くうちに「ぼくもそんな窓がほしいなあ」と子どものような声をあげてしまう。比喩や対比等、描写の細やかさにより情景が想像しやすく、どんどん引き込まれていく展開に児童はファンタジーの魔力に引き込まれるであろう。これらを、「作品との対話」「自己内対話」「教師との対話」「友達との対話」、最後に再び「自己内対話」と様々な対話を通して読み進めていくうちに深い学びへの一歩が始まる。

3 いろいろな対話を通した授業イメージ

＜授業実践＞子どもたちのノートから

＜作品との対話＞（主体性の始まりⅠ）
・鉄砲をかついで山道を歩いているって猟師なのかなあ？
・昔大好きだった女の子のことを、とりとめなく考えながらぼんやり歩くなんて不思議！
・青いききょうの花畑なんて、ちょっと不気味で怖い！
・「こんな花畑が、この山にはあったのでしょうか。」なんて、こわい、こわい！
・何でこんなところで「ほんのちょっと休んでいこう。」なんて思うんだろう？
・子ぎつねさん、花の中にもぐって姿を消してよかった！
・後ろから「いらっしゃいまし。」と、変な声がするなんて、ひぇーこわい！
・「染め物　ききょう屋」なんて、何となく不気味だなあ！
・「どうぞ、どうぞ。」なんて人間を案内すると、きつねさん殺されちゃうよ！
・ポケットに手をつっこんだ時、きつねは、とっぴょうしもなくかんだかい声をあげました。とあるけど、ピストルでも出すかと思ったのかなあ？
・きつねの指でこしらえた、小さな窓の中に母ぎつねの姿が映っているなんて、もうバレバレじゃないの。何やっているのかなあ！
・お母さんが鉄砲でダーンとやられたなんて、可哀想！　ひとりぼっちじゃん！
・「ぼくも、そんな窓が欲しいなあ。」なんて、さっきはあんなにいやがっていたのに！
・「すぐにお染めいたします。」なんて、よかったねえ、きつねさん！
・昔大好きだった、そして、今はもう、決して会うことのできない少女にまた会うことができてよかったねえ。そんなに好きだったの？？？
・染め代に「鉄砲をください。」なんて、なんて大胆な！
・えっ、本当に鉄砲をあげちゃうの？
・昔の家にタイムスリップできたの？　すごい！　お母さんに会えるの？
・なんだか、とてもせつなくなりました。とあるけど、なんだか現実っぽいなあ。でも、本当に夢でなくて昔のことが見えるのかなあ。すっごい指だなあ。ぼくも欲しいなあ。
・えっ、手を洗っちゃったの？　それは大変！　大丈夫？　やはりだめだったかあ！
・あれっきり、一度もきつねに会うことはありませんでした。とあるけど、絶対無理だよ。あっ、でも、どこで現実の世界に戻ったんだろう？
＜自己内対話＞（主体性の始まりⅡ）
・不思議な物語だったなあ。
・ああ、面白かった。ファンタジーって本当に面白い。でも、どこで非現実の世界に入り、どこで現実に戻ったんだろう。
・中心人物は誰だろう。子ぎつねさん？　それともぼく？
・どうしてきつねは鉄砲が欲しかったんだろう？

<教師との対話>（きっかけ）
・ぼくの気持ちが大きく変わったところはどこでしょう？

<友達との対話>（課題解決へ向けて）
・「ぼくは、しぶしぶ窓の中をのぞきました。そして、ぎょうてんしました」のところだと思う。理由は、しぶしぶのぞいたのに仰天するから。
・指を染めることに気乗りがしないで「むっ」としていた「ぼく」にきつねさんが「まあ、ちょっとだけ」と窓の中を見せたことが大成功だったね。
・やはりなんと言っても「鉄砲を気前よくきつねにやりました。」のところだと思う。理由は、猟をしたりするのに大切な鉄砲よりももっと大切な窓に出会えたから。
・わたしは「ぼくも、そんな窓がほしいなあ。」のところだと思う。理由は「指なんか染められてたまるかい。」と言っていたのに、急に「そんな窓がほしい。」と叫んでしまうほど変わったから。
・だって、ずっといやがっていたものね。タイムマシンのような窓がすっかり気に入っちゃったんだね。いろいろ変容した場面はあるけれど、ぼくも一番大きな変容はやはりここだと思うな。
・わたしは「すっかり感激して、何度もうなずきました。」のところだと思う。理由はその前は「うんうん」しか言わなかったのに「何度も」に変わったから気持ちが込められている。
うん、もう一度窓の中を見せながら窓の素晴らしさを説明したことが成功したね。やはり、物事はあきらめないことが一番だよ。
・猟師なのに鉄砲あげちゃったんだよ。やはりそこが一番変容したところじゃあないかな。
・鉄砲はたしかに僕たちから見ると大切なものだけれど、この「ぼく」にとってはすてきな窓と比べたら少しも惜しくなく、ただのお金の代わり。変容ではないと思う。

<自己内対話>（深い読み）
・「指なんか染められてたまるか。」の時は、まだきつねに対して親近感などなく、隙あらば殺してしまうほどの気持ちだったぼくも、不思議な指の窓の中にきつねの母親の姿を見て、しかも、その母親は人間に殺されて独りぼっちの子ぎつねだということが分かり、独りぼっちの自分と照らし合わせて共感をもった上に……その窓が欲しいと！
・子ぎつねも「もううれしくてたまらないという顔をしました。」という文面から「やっと分かってくれた。」とほっとしている様子がうかがえる。
・子ぎつねもぼくも二人とも独りぼっちの悲しさが出ていて、可哀想だったな！
・この人にとっては、鉄砲をあげちゃっても「きつねの窓」を手に入れることが出来てよかった。きつねにとっても、自分やほかの動物を守るため、母親を殺した鉄砲を奪うことができてよかった。

4 おわりに

　元号は令和となり、新学習指導要領が徐々に実施され始めている今、各学校での校内研究のテーマもそれに倣ってきている。色々な学校のテーマを聞いてみると、「主体的」「対話的」「深い学び」という言葉のすべて、またはどれかが含まれているものが多い。

　今まではコミュニケーション能力を大切にし、伝え合う力を重視してきた。しかしながら今回の発想の発端は全く違う。10年後、20年後、50年後と将来の日本を見据えたとき、圧倒的な人口減少のもとでGDPが激減し、アジアの小国となってしまうだろう。この様な事態に陥ったとき、どのようにして生き延びるか？　その原動力となる学力をつけるために文部科学省は「主体的・対話的で深い学び」を目指す授業改善にふれたのである。

　本稿のテーマは「対話で深める国語授業」である。これは簡単なようでいてなかなかむずかしい。なぜならば、話し合い活動を入れればいいという単純なものではないからである。今、その基礎基本を身に付けさせようとして「話すこと・聞くこと」のスキル学習にも目を向けている教師も多い。これは大切なことではあるが、よくある指導の一つとして「相手の目を見て話しなさい」「うなずきながら聞きなさい」等の指導がある。私（筆者）自身は苦手である。相手の顔、まして目をじっとみつめながら話すなど、恥ずかしくてできない。うなずきながら聞くのも苦手である。もちろん、話をじっと全部聞いた後で、「うん！」とうなずきながら意見を言うことはある。しかし、「うんうん、うんうん」とうなずきながら聞くのは苦手である。人間には内向的な人間と外向的な人間がいる。それは先天的な場合、または後天的な場合といろいろあるが、いずれにしても簡単には変えられない。画一的な指導ではなく、自然と話し合い活動に花が咲くしかけが大切なのではなかろうか。

　教師が「自分たちで考えなさい」「話し合ってみましょう」と言って、子どもたちがそのような状態になるのはよくある光景ではあるが、それは、「先生に言われて行動しているだけであって、主体的でも自発的でもない」。先生の指示に従っているだけなのである。そこで新学習指導要領で示されたのが「教師はファシリテーターになれ！」ということである。ファシリテーターとは道先案内人である。「調整役」「促進者」であり、そこには上下関係はもちろんのこと利害関係もなく、客観的な立場から進行のサポートを行う役である。

　このような教師になるためには、教材研究をしっかりやり、この作品で「どんな力を付けたいか」「どんな話し合いをさせたいか」をはっきりもち、そのための子どもたちの考え方のずれを瞬間的に見極める力が必要である。難しいことを言っているようであるが、経験や技術ではなく、教材分析と教材研究がいかにされているかが要になるのである。そして、様々な対話を通して子どもたちが学び合い、学習を進めることが重要である。

　目を見ない人がいてもいい、内気な人がいてもいい、という包容力、寛容性がクラスのコミュニケーション能力の成長につながるであろう。もちろん、そこにはゼロ・トレランス方式（不寛容）を同時に学ぶ必要もある。

　この日本の未来の危機的現状を踏まえ、我々教師は子どもたちが真に生み出した課題の解決に向けて、様々な「対話」のファシリテーターとなり得るために日々研鑽あるのみである。

6年 [説明文] プロフェッショナルたち（東京書籍）
単元名 将来の夢や生き方について考えよう

新潟県・新潟市立新関小学校　井上幸信

◆対話成立の条件

1　「話が弾む」

「話が弾む」という状態の対話について考えてみよう。

そのような対話では、対話への参加者が話題について強い興味・関心をもっていたり、話題についての十分な知識や経験をもっていたりするはずだ。興味・関心をもてず、知識も経験もない話題について、話が盛り上がるということはまずないだろう。

この前提に立てば、授業の中で充実した対話が成立する条件は、子どもたちが話題となる事柄に対して興味・関心、そして知識や経験を十分にもっていることだと考えられる。

2　dialog と access

では、子どもたちは授業の中で話題となる事柄について、常に興味・関心、知識と経験をもっているだろうか。

興味・関心は授業の導入の工夫や問いの見出し方で引き出すこともできるだろう。しかし、知識や経験はむしろ授業を、対話を通して獲得していくものである。それに、初めから知識や経験を十分にもっている事柄が対象なら、子どもたちはそこに強い興味・関心を抱くこともないだろう。興味・関心だけを高めた子どもたちに対話を促しても、中身は充実しない。

そこで、もう一つの「対話」が必要になる。ここまでに述べてきた対話は、人と人が言葉を介して情報のやりとりをする dialog としての「対話」である。加えて必要なもう一つは事物・事象とかかわること、access としての「対話」である（イメージ参照、以下本稿では便宜上前者を「対話」とし、後者を「アクセス」として論じることとする）。

イメージ　access としての「対話」

子どもたちが話題となる事物・事象について対話するに十分な知識や経験をもっていない場合は、まず、その事物・事象にアクセスし、対話するもととなる情報・知見、あるいは疑問を得る時間を確保しなければならない。この事物・事象への access（対話）も学習集団の中での dialog（対話）を成立させる条件となる。

1 実際の授業における access

1 「将来の夢や生き方」という未知の話題

　「プロフェッショナルたち」を学習材とする単元は、現行の学習指導要領ならばC読むこと（1）オ「本や文章を読んで考えたことを発表し合い、自分の考えを広げたり深めたりすること」、新学習指導要領ならばC読むこと（1）カ「文章を読んでまとめた意見や感想を共有し、自分の考えを広げること」が重点指導事項となる（下線部は論者による）。学習材で語られる3人のプロフェッショナルたちの生き方を知り、それをもとに自分の将来の夢や生き方について考える単元である。実際、教科書が提示する単元の目標も「文章を読んで、そこに書かれた人物の生き方から、自分の将来の夢や生き方を考えることができる」である。

　単元の実施時期は2月であり、子どもたちは卒業・進学を強く意識している時期である。そのような時期に自己の将来について思いを巡らせることは、国語の学習としてだけでなく、子どもたちが人生の節目の時期に設定する学習活動としてふさわしいように感じられる。

　しかし、年度末とはいえ、小学校6年生、12歳の子どもたちにとって「自分の将来の夢や生き方」は近いようで遠い話題である。キャリア教育との関連で扱うならばともかく、この説明文一つ、3人のプロフェッショナルのエピソードだけから自己の生き方を考えるというのは、なかなか難しい。

　そこで、本稿で紹介する実践では、「大人」という存在、生き方に対してアクセスする時間を単元前に取ることとした。

2 「大人」って？

　夢、生き方というと、子どもたちの発想は職業に偏りがちになると考えた。そこで、道徳で「自分」について考えてきた授業の延長として「大人」について考える時間を取った。

　板書1は、実際に子どもたちと「大人」について考えた1時間のものである。

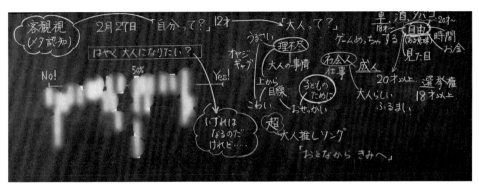

板書1 「大人」のイメージをブレインストーミング的に書き出したもの

授業では、まず「はやく大人になりたい？」かを問い、子どもたちの気持ちを確認した。「すぐになりたい」を100％「なりたくない」を0％としたときに、今の「大人になりたい度」はどの程度かを示すようにネームプレートを貼っていった（板書左側）。子どもたちは「大人になる」ということに決して積極的・肯定的ではない結果となった。

　そこで、「大人」と聞いてイメージすることを聞いた（板書右側）。社会科で習った権利のほかは、子どもたちが身の周りの「大人」から感じている率直な思いが語られたように見える。率直な思いであるからこそ、子どもたちと「大人」という存在、生き方が遠いものであることがはっきりと見えた。

　子どもたちの声を聞き終わったあと、「おとなからきみへ※（作詞：サトシン／作曲：河野玄太）」という曲を紹介した。この曲では、「大人って面白い」「大人こそ面白い」という子どもたちへの真っ直ぐなメッセージが歌われている。歌詞の概要を確認したあと、いわゆるサビの歌詞の意味を検討した。歌詞は以下の通りである。

　子どもたちが注目したのは、「じぶんで　じぶんの　じんせいを　きりひらいて　すす

> じぶんで　じぶんの　じんせいを
> きりひらいて　すすめるのさ
> それが　じっさい　できるようになるのが
> こどもじゃない　おとななんだ
> おとなって　おもしろい
> おとなだから　おもしろい
> おとなこそ　おもしろい
> そんなこと　おとなになって　しったんだ

めるのさ」という部分であった。12歳の子どもであっても、自分で考え、選び、前に進んでいるという自負はある。ある子は「私だって苦しいとき、自分で自分の人生を切り開いてきた」と言い切った。では、この歌詞が語りかけてくる「実際にできるようになるのがこどもじゃない　大人なんだ」とは、どのような意味なのか。その疑問を解決するために複数の大人の生き方にふれよう、という流れで「プロフェッショナルたち」を読む活動へと進むこととした。

　この一連の流れのなかで、子どもたちは「自己の内にある大人のイメージ」にアクセスし、さらに「おとなからきみへ」の歌詞の中で語られる大人像と「自己の内のイメージ」との差異についてもアクセスすることができる。この過程を経ることで、普段よく見て感じているようでありながら、言語化することのない大人のイメージと、そのイメージとは異なる大人像とに接したことによって、考えたり対話したりする基となる「大人」についての情報、知見、疑問などが顕在化させることを目指した。

3　学習材から「大人」「生き方」を考える

　自己の内にある「大人」のイメージと「おとなからきみへ」を聴いて抱いた疑問とを共有したあと、学習材「プロフェッショナルたち」を読んだ。多くの子どもは、テレビ番組

※　授業で紹介した楽曲「おとなからきみへ」は絵本作家サトシン氏が作曲とプロデュースを担当したCD『サトシン訳1曲でわかる！　日本むかしばなし』(キングレコード)のボーナストラックとして収録されている。また、現在は同名、同内容の絵本も主婦の友社から発売されている。

「プロフェッショナル　仕事の流儀」を知っていた。また、初読の段階で仕事に情熱を傾けて生きる人たちの生き方について紹介している文章であることにも目をむけることができた。

そこで、3人のプロフェッショナルの生き方がどのような観点から紹介されているかを確認した。子どもたちは、プロフェッショナルたちは、いずれも何かしらの困難に遭遇したり、目標となることを見出したときに、次のステップに進むための「発想」を得て、その実現のために「試行錯誤」をしていると考えた。そして、その上でたどり着いた考え方や生き方が「○○の仕事」のページに書かれていると、文章の構造を確認した。

板書2は「パティシエ　杉野英実の仕事」の部分を読んで、子どもたちがその内容をまとめたものである。

板書2　パティシエ杉野英実氏の発想と試行錯誤をまとめた子どもたちの板書

また、ある子どもは、この日の振り返りに次のようなことを記述した。

> 「プロフェッショナルたち」は、仕事の仕方とか、専門家としての技や知識が欠いてある説明文だと思った。でも、勝俣さん、国村さん、杉野さんの話を読んで、「プロフェッショナル＝生き方、考え方」だと思った。（以下略）

3人のプロフェッショナルについての文章を読んだあとの振り返りであったためか、この日の振り返りには、この他にも「生き方」や「考え方」について着目した振り返りが多く見られた。「プロフェッショナルたち」を読んだことによって、子どもたちはこれまでと異なる視点から「大人」という概念にアクセスしたのである。

このような読みを学級で共有し、学習材を読む活動を終えた。

2　実際の授業における dialog

1　「プロフェッショナルたち」を読む過程での対話

　先に示した板書の通り、「プロフェッショナルたち」を読む学習活動は話し合いの交通整理には授業者もかかわったが、内容の確認から板書まで基本的な授業の進行は子どもたちが行っている。したがって、その中でも対話は発生している。例えば、3人のプロフェッショナルについて読み、「発想」「試行錯誤」という観点を定めた話合いや、プロフェッショナル一人ひとりについての説明の内容を先に示した板書のようにまとめていく過程で、子どもたちは非常によく話し合った。

　ただ、この単元では「プロフェッショナルたち」を読んで考えたこと、感想を共有し、さらに考えを広げることがゴールである。したがって、「プロフェッショナルたち」を読む過程での対話は、アクセスのための対話である。

　本単元で重視したいのは、説明文を読み終わったあと、その読みを基に「将来の夢・生き方」についての対話である。

2　将来の夢・生き方についての dialog

　「プロフェッショナルたち」を読んで、「プロフェッショナル＝生き方、考え方」だと考えている子どもたちに、再度『おとなからきみへ』を聴かせ、初回に聴いたときに子どもたちが注目したサビの部分についてどのように考えるかを訊ねた。以下、その際の、あるグループの対話の概要である。

A：「人生を切り開いて進む」ってところが、「プロフェッショナルたち」に近いかなって思う。

B：どのへんが「切り開く」？

A：試行錯誤の部分。そこであきらめたら終了ってところで、試行錯誤したからうまくいって、プロフェッショナルってテレビや教科書で紹介されるくらいすごい人になったんでしょ？

C：あー、試行錯誤して「人生を切り開いて進む」。納得。子どもだとそこまで行かないでしょ。

B：試行錯誤は僕らだってしてるでしょ。試行錯誤していろんなことを決めてるのは一緒だと思う。

C：でもさ、命とか人生とかまで大きく変わる試行錯誤って、小学生だとそこまでのはないじゃん？　少なくともおれにはない。

A：そこで威張んなくても。大人の方が試行錯誤はでかいと思うんだよね。困ったときとか、挑戦してもしなくてもいいけど、挑戦しなかったら誰も助けてくれないんだと思うから。

C：おれたちの場合、試行錯誤しなくても、それがうまくいかなくても、まだ最後は

　　　　大人が助けてくれるよね。なんとかなるっていうか。中学受験だって、落ちても
　　　　行く学校はあるし。
　　Ｂ：うーん、試行錯誤の結果の大きさってことかな？　確かに、僕らよりも大人の試
　　　　行錯誤の方が影響大きそう。
　　Ｃ：その試行錯誤を「面白い」って言ってるのがこの歌だろうなーって。
　　Ａ：教科書に出てきた人たちも、試行錯誤をきついって感じてたら、多分こんな説明
　　　　文にはならない。
　　Ｂ：きついときの試行錯誤も面白がって生きていくのが大人かー。

　このあと、Ｂは次のように授業を振り返った。

　今日の話し合いを通して考えたことは「試行錯誤も楽しんで人生を切り開くのが大
人」ということだ。最初は、子どもだって試行錯誤をして生きていると思った。
　でも、ＡさんとＣさんと話をして、大人の試行錯誤は子どもよりも人生にとか責任
とかにかかわっていたりするし、「プロフェッショナルたち」の勝俣さんたちは、確
かにそういう試行錯誤で困難を乗り越えていた。
　ぼくは、そういう試行錯誤ができる大人になれるだろうか。できたら、自分や人の幸
せのために試行錯誤できる大人になりたい。

　最後の２行に、Ｂの「将来の夢や生き方」についての考えが濃縮されている。「ぼくの夢は○○だ」「ぼくはこういう生き方をする」と述べ切っていない。「なれるだろうか」「できたら……なりたい」この表現の端々に、彼が「将来の夢や生き方」について軽く考えていないことが見える。

3　まとめに代えて

　卒業間近な６年生は、卒業・進学への不安と共に、将来への大きな夢や希望を膨らませている。そのような状態の子どもたちに、ただ「将来の夢や生き方」を問うても、思考の広がりや深まりを求めることはできないだろう。
　本稿で紹介した実践では「大人って？」と問うこと、「おとなからきみへ」という曲と出会うこと、「プロフェッショナルたち」を読むこと……という漠然とした「大人像」から少しずつ詳しい「大人像」へと認識を深めていけるようにアクセスの対象、順番を設定した。このアクセスのなかでの思考が、最終的な対話（dialog）と、「将来の夢や生き方」について考えるという単元のゴール段階の広がりや深まりに反映されたと考える。
　access と dialog 二つの「対話」を大切にすることが学びの深化につながる。

【編著者紹介】
全国国語授業研究会
筑波大学附属小学校国語研究部のメンバーを中心にして1999年に発足。
授業者の、授業者による、授業者のための国語授業研究会。
年1回の夏の大会には全国から多数の参加者が集まり、提案授業をもとに歯に衣着せぬ協議が行われる。
季刊誌『子どもと創る「国語の授業」』(年4回発行)、『国語実践ライブラリー』(2001)、『読解力を高める』(2005)、『小学校国語科活用力シリーズ』(2008)、『国語授業力シリーズ』(2010)、『読解力を育てる』(2011)『読解力を高める　表現力を鍛える　国語授業のつくり方』(2012)『論理的思考力を育てる国語授業』(2013)『論理的思考力を高める授業―教材研究実践講座―』(2014)『新教材の教材研究と授業づくり―論理的思考力を育てる国語授業―』(2015)『子どもと創る　アクティブ・ラーニングの国語授業―授業者からの提案―』(2016)『国語授業における「深い学び」を考える』(2017)『定番教材で考える「深い学び」をうむ国語授業』(以上、東洋館出版社)などを通して、国語の授業力を世に問い続けている。

■**執筆者（執筆順）2019年7月現在**

Ⅰ章
桂聖（筑波大学附属小学校）………　提案授業（文学「大造じいさんとガン」）、座談会
青山由紀（筑波大学附属小学校）…　提案授業（説明文「ウナギのなぞを追って」）、座談会
青木伸生（筑波大学附属小学校）…　座談会、Ⅱ章
白坂洋一（筑波大学附属小学校）…　座談会、Ⅱ章
弥延浩史（筑波大学附属小学校）…　座談会、Ⅱ章

Ⅱ章
土居正博（神奈川県・川崎市立はるひ野小中学校）
林真弓（東京都・杉並区立済美教育センター）
石原厚志（東京都・立川市立新生小学校）
立石泰之（福岡県教育センター）
沼田拓弥（東京都・世田谷区立玉川小学校）
山田秀人（沖縄県・宜野湾市立大山小学校）
大江雅之（青森県・八戸市立桔梗野小学校）

Ⅲ章
梅田芳樹（学習院初等科）……………………………「ろくべえまってろよ」
藤平剛士（相模女子大学小学部）……………………「はたらくじどう車」
安達真理子（立教小学校）……………………………「お手紙」
山本純平（東京都・葛飾区立梅田小学校）…………「おにごっこ」
藤田伸一（小学校教員）………………………………「モチモチの木」
山本真司（南山大学附属小学校）……………………「ありの行列」
笠原三義（東京農業大学稲花小学校）………………「くらしと絵文字」
髙橋達哉（山梨大学教育学部附属小学校）…………「ごんぎつね」
野中太一（暁星小学校）………………………………「一つの花」
岩立裕子（神奈川県・小田原市立曽我小学校）……「ムササビのひみつ」
長屋樹廣（北海道教育大学附属釧路小学校）………「大造じいさんとガン」
田中元康（高知大学教育学部附属小学校）…………「注文の多い料理店」
三浦剛（東京都・町田市立鶴間小学校）……………「まんがの方法」
溝越勇太（東京都・立川市立第六小学校）…………「海の命」
小菅克己（神奈川県・小田原市立東富水小学校）……「きつねの窓」
井上幸信（新潟県・新潟市立新関小学校）…………「プロフェッショナルたち」

対話で深める国語授業

2019（令和元）年8月5日　初版第1刷発行
2024（令和6）年8月9日　初版第6刷発行

編　著　者：全国国語授業研究会・筑波大学附属小学校国語研究部
発　行　者：錦織　圭之介
発　行　所：株式会社　東洋館出版社
　　　　　　〒101-0054　東京都千代田区神田錦町2丁目9番1号
　　　　　　　　　　　　コンフォール安田ビル2階
　　　　　　代　表　電話03-6778-4343　FAX03-5281-8091
　　　　　　営業部　電話03-6778-7278　FAX03-5281-8092
　　　　　　振替　00180-7-96823
　　　　　　URL　https://www.toyokan.co.jp

デザイン・印刷・製本：藤原印刷株式会社
カバーデザイン：mika

ISBN978-4-491-03749-3
Printed in Japan